Sprich aus der Ferne
Heimliche Welt,
Die sich so gerne
Zu mir gesellt.

Clemens Brentano (1778–1842)

Ehrhardt Heinold

Himmlische Boten
aus dem Erzgebirge

Die weltberühmten Engel
von Wendt & Kühn

Husum

Umschlaggestaltung unter Verwendung von Motiven aus dem Buch.
Die sitzende Engelfigur auf der Titelseite und neben der jeweiligen Seitenzahl am Fuß jeder Seite trägt die
Katalogbezeichnung „Engel mit Notenblatt".
Alle in diesem Buch abgebildeten Wendt & Kühn-Erzeugnisse sind mit ihrer jeweiligen Katalogbezeichnung
seitenweise in einem eigenen Register am Schluss des Buches erfasst (ab Seite 130).

Bibliografische Information der Deutschen Nationalbibliothek

Die Deutsche Nationalbibliothek verzeichnet diese Publikation in der
Deutschen Nationalbibliografie; detaillierte bibliografische Daten sind im Internet
über https://dnb.dnb.de abrufbar.

5. Auflage 2025

© 2008 by Husum Druck- und Verlagsgesellschaft mbH u. Co. KG, Husum

Hersteller im Sinne der GPSR:
Husum Druck- und Verlagsgesellschaft mbH u. Co. KG
Nordbahnhofstraße 2, D-25813 Husum
www.verlagsgruppe.de – kontakt@verlagsgruppe.de

ISBN 978-3-89876-408-7

Das Buch ist dem Andenken
von Hans Wendt gewidmet
(† 10. September 2008)

Dank

Ohne tatkräftige Unterstützung aus dem Hause Wendt & Kühn hätte dieses Buch nicht geschrieben werden können. Mein Dank gilt dort insbesondere Tobias Wendt und Sighild Fankhänel, die mir das Archiv geöffnet und mich in jeder Weise, vor allem aber bei der Bildbeschaffung, mit großer Hilfsbereitschaft unterstützt haben. Für wichtige Hinweise habe ich meinen alten Freund, dem Männelmacher Christian Kott, sowie Sybille Fischer vom Schloßbergmuseum Chemnitz zu danken. Die Satzerstellung lag in den bewährten Händen von Gila von Mallinckrodt, der ich für ihre engagierte Mitarbeit danke. Dem Altonaer Museum für Kunst und Kulturgeschichte in Hamburg ist dafür zu danken, dass parallel zur Veröffentlichung des Buches eine Ausstellung zum Thema stattfindet.

Ein paar Worte zu diesem Buch

Engel sind Urbilder der Menschheit. Millionen von Menschen glauben an sie. Unzählige fühlen sich von ihrem persönlichen Schutzengel begleitet. Engel kannten schon die vorbiblischen Religionen. In der christlichen Kunst sind sie bis heute eines der Hauptmotive. In Volkskunst und Kunstgewerbe spielen sie eine wichtige Rolle, vor allem im Erzgebirge. Wer hier zu Hause ist oder hierher kommt, dem geht es so, wie es Ernst Jandl (1925–2000) in seinem Gedicht „geistliches lied" beschreibt: „überall wohin ich späh / seh ich engel in der näh."

Die bekanntesten der erzgebirgischen Engel sind die Grünhainichener mit den elf weißen Punkten auf den grünen Flügeln. Es gibt zurzeit 66 von ihnen mit und 50 ohne Instrument. Sie gehören zu den liebenswertesten Vertretern der reichen erzgebirgischen Figurenwelt. Das vorliegende Buch ist ihnen, ihrer Geschichte, ihrer „irdischen Heimat" und ihren Geschwisterprodukten gewidmet. Damit ist das Buch auch eine Geschichte der Grünhainichener Werkstätten von Wendt & Kühn und der Menschen, die sie schufen und bis heute prägen, die Geschichte einer handwerklich arbeitenden Firma, die von einem kleinen erzgebirgischen Ort aus Weltgeltung erlangt hat und auf nahezu zehn Jahrzehn-

te erfolgreichen Schaffens zurückblicken kann – 85 Jahre davon mit den liebenswerten Himmelsboten, die zu Recht die Bezeichnung „weltberühmt" tragen.

Der Erfolg der Grünhainichener Engel erklärt sich aus ihrer Originalität, ihrer künstlerischen und handwerklichen Qualität sowie der konsequenten Markenpolitik ihres Herstellers. Er beruht aber auch eben auf ihrem „Engel-Charakter". Deshalb beginnt das Buch mit einleitenden Kapiteln zur Position der Engel in der Religions- und Kunstgeschichte und speziell dazu, wo sie ihre Orte in der sächsischen und erzgebirgischen Kultur haben.

Zum Erfolg trägt vor allem die emotionale Bindung bei, die die fantasievoll entworfenen und bis heute originalgetreu hergestellten Figürchen bei ihren Besitzerinnen und Besitzern hervorrufen. Ein Kapitel des Buches ist ausschließlich Erlebnissen mit den Grünhainichener Engeln gewidmet, von denen in zahlreichen Briefen an das Haus Wendt & Kühn berichtet wird.

Sammler und Sammlerinnen finden einen vollständigen Bildkatalog aller lieferbaren Elfpunkte-Engel, Angaben zu den „Geschwisterprodukten" wie z. B. den Blumenkindern sowie eine Zeittafel zur Firmengeschichte.

Wie kommen die Engel ins Erzgebirge?

Die Ursprünge des erzgebirgischen Engelkultes

Mönchisch-bergmännische Besiedlung · Engelgroschen · Verkündigungsengel · Schwebeengel/Lichterengel · Engel- und Königscharen · Krippen · Bornkinnel

Das Sächsische Erzgebirge ist eine vornehmlich protestantisch geprägte Gegend. Wie kam es dazu, dass diese Region zu einer ausgesprochenen Engel-Landschaft wurde?

Dafür gibt es vielerlei Gründe: Einer liegt darin, dass u. a. Mönche bei der Besiedelung des Gebirges und bei dessen bergmännischer Erschließung eine wichtige Rolle spielten. Die dort gefundenen Erze galten als „himmlischer Segen", wie viele Bergwerksnamen belegen. In diesem Zusammenhang tritt auch der Begriff Engel als Namensgeber für Fundorte auf. Im Revier Marienberg finden wir die Bezeichnung „Engelschar", bei Johanngeorgenstadt „Engelsfreude" und bei Purschen-

stein/Neuhausen hieß ein Erzstollen „Goldener Engel".

Bildhaften Ausdruck findet die Verbindung von Frömmigkeit und bergmännischer Tätigkeit auf einem eindrucksvollen Tafelgemälde. Zu sehen ist es auf der Rückseite des Knappschaftsaltars der Stadt- und Bergkirche zu Annaberg. Hans Hesse (nachweisbar 1491–1521) stellte darauf um 1520 eine erzgebirgische Bergbaulandschaft dar, in die hinein er die Fundlegende um den Propheten Daniel versetzte: Ein Engel schwebt heran, um die Stelle zu zeigen, wo Erz zu finden ist, und der Bergknappe beginnt mit der Arbeit. Damit erscheinen ein Engel und ein Bergmann im Erzgebirge zum ersten Mal gemeinsam (Abb. S. 10).

Bargma, Engel trogn Licht
in de Winternacht.

(Edmut Kluge, ★1933)

9

*Engelgroschen oder
„Schreckenberger",
Vorder- und Rückseite,
aus der Annaberger
Münze, sowie Siegel der
alten Bergstadt Sulz-
burg im Breisgau mit
Bergmann und Engel*

*Die Danielslegende:
Ein Engel zeigt dem
Bergknappen, wo er
fündig wird (Ausschnitt
aus der Darstellung von
Hans Hesse um 1520
auf der Rückseite des
Knappschaftsaltars in
der Sankt-Annen-
Kirche zu Annaberg)*

Für diese Verbindung gibt es ein frühes Zeugnis aus einer anderen Landschaft. In Sulzburg im Breisgau wurde von 1028 bis 1830 Bergbau betrieben. Das Stadtwappen zeigt einen Engel, der zu einem Bergmann spricht. Ein Siegel mit diesem Motiv ist bereits auf Urkunden aus der Zeit um 1238 bis 1423 nachweisbar (Abb. S. 10).

Heute ist das Leuchterpaar Engel und Bergmann im Erzgebirge weit verbreitet: zumeist als gedrechselte, aus Holzwalzen herausgearbeitete Figuren (sogenannte Docken), in dieser Typisierung seit dem frühen 19. Jahrhundert in hohen Stückzahlen hergestellt.

Es ist gewiss kein Zufall, dass eine der beliebtesten im Erzgebirge geprägten Münzen das Engelmotiv aufwies: der Annaberger oder Schreckenberger Groschen, auch Engelgroschen genannt. Im Jahre 1492 war der Schreckenberg bei Annaberg fündig geworden. Der Groschen galt von 1498 bis 1534 als Dreigroschenstück, von dem sieben den Wert eines rheinischen Goldguldens ergaben. Danach wurde sein Wert geändert. Die Prägung wurde 1571 eingestellt, das Wertverhältnis des Engelgroschens passte nicht mehr in die 24-Groschen-Zählung des dann maßgeblichen Talers. Zu Anfang des Dreißigjährigen Krieges lebte das beliebte Münzbild der Engel als Schildhalter für die Kurschwerter noch einmal auf (Abb. S. 10). Die Münzen wurden auch „Mühlsteine" genannt, weil die erste Münzstätte eine Mühle war.

Neben Engeln, die Bergleuten unmittelbar den Weg weisen oder den Bergsegen symbolisie-

HEILIGE·CHRISTER IM·ERZGEBIRGE·

H. MARTIN. 1910.

Adventliche und weihnachtliche Umzugsspiele mit „Heilig-Christ-Komödien" sowie „Engel- und Königscharen" waren von der vorreformatorischen Zeit bis weit ins 19. Jahrhundert verbreitet. „Heilige Christer im Erzgebirge", Historische Postkarte, vermutlich geschaffen von dem Gewerbelehrer Hugo Martin, der am 1. 1. 1902 als Zeichenlehrer an die Spielwaren- und Gewerbeschule Grünhainichen kam.

„Schwebengel" (Engelkrone),
Holz mit Masseüberzug, geschnitzt
und bemalt, Messingleuchter,
Figur: 43 cm hoch, 2. Hälfte
des 19. Jahrhunderts
Solche Engel fanden aus den
Kirchen auch den Weg in
erzgebirgische Häuser.

Dieser holzgeschnitzte Engel
trägt auf einem Band, das um sein
Gewand geschlungen ist, die Inschrift
„Friede auf Erden". Die Erde ist
durch eine Kugel symbolisiert,
auf der der Engel steht.
Floraler Rahmen, Holz, geschnitzt,
Höhe: 55 cm, um 1880

zenkammern" oder sie fanden Unterschlupf in Familien oder heimatlichen Sammlungen, wo sie – so nach Worten des Volkskundlers Karl Ewald Fritzsch (1894–1974) – „auch zu Mustern für Nachgestaltungen" wurden (Abb. links).

Diesen Nachgestaltungen war die Aufgabe des Lichterträgers geradezu auf den Leib geschrieben, denn vom Verkündigungsengel heißt es ja, dass bei seinem Auftritt „die Klarheit des Herrn" um die Hirten leuchtete (Lukas 2,9). Der Auftritt von Engeln wird in der Bibel auch an anderen Stellen mit Licht verbunden. In der Apostelgeschichte heißt es: „Und siehe, der Engel des Herrn kam daher, und ein Licht schien in dem Gemach" (12,7). Lichtertragende Engel gab es in geschnitzter oder zunehmend in – wie oben beschrieben – gedrechselter Form, als der Bedarf an Lichterträgern stieg. Preiswerte Kerzen standen zur Verfügung, als 1813 das Stearin

ren, spielte und spielt der Verkündigungsengel aus der Weihnachtsgeschichte nach dem Evangelisten Lukas im Erzgebirge eine besondere Rolle. Seine Worte sind auf so manchem Weihnachtstransparent oder -engel zu finden: „Fürchtet Euch nicht! Siehe, ich verkündige Euch große Freude!" oder „Ehre sei Gott in der Höhe und Friede auf Erden!" (Abb. rechts). Die zumeist von einem Knaben solo gesungenen Worte des Engels bilden bis heute – neben der Weissagung nach Jesaja 9 – einen Höhepunkt der erzgebirgischen Christmetten, die nach unterschiedlichen örtlichen Überlieferungen gefeiert werden.

Bis in die Zeit der Aufklärung hinein – also bis zur Wende vom 18. zum 19. Jahrhundert – waren in erzgebirgischen Kirchen Schwebeengel verbreitet, die der Küster an einem Seil vom hohen Kirchengewölbe herunterließ. Manche von ihnen trugen zu Weihnachten Kerzen in den Händen, beim Taufvorgang die Schüssel mit dem Taufwasser. Der Rationalismus verbannte sie in „Göt-

und 1830 das Paraffin auf den Markt kamen und Weihnachten im Biedermeier zum Fest des Lichtes und der Familien wurde.

Eine weitere erzgebirgische Engeltradition geht auf die bis in die vorreformatorische Zeit zurückreichenden adventlichen und weihnachtlichen Umzugsspiele zurück. Es waren zunächst junge Bergleute, die sie aufführten, eine Zeit lang sogar als „Heilig-Christ-Komödien" mit durchaus derben Szenen. Auch bei den im 19. Jahrhundert verbreiteten „Engel- und Königscharen" ging es eher derb zu, obwohl – wie schon der Name sagt – Engel als wichtige Mitwirkende auftraten. Die Tradition der weihnachtlichen Umzüge wirkt noch heute bis in die Gestaltung der Christmetten und bis in die örtlich unterschiedlichen Krippenspiele hinein (Abb. S. 11).

Nicht zuletzt aber ist das Erzgebirge – wie der Volkskundler Gerhard Heilfurth (1909–2006) festgestellt hat – die reichste protestantische Krippenlandschaft. Viele Beispiele in den erzgebirgischen Heimatmuseen, aber auch solche in privatem Besitz zeugen davon. Katholische und evangelische Tradition haben sich hier – in der Grenzregion zum ehemaligen Königreich Böhmen – miteinander verflochten. Zu den Krippen gehören Verkündigungsengel als zentrales Motiv.

Auf das Bild, das sich die Erzgebirger von Engeln machten, wirkte vermutlich auch die in dieser Region verbreitete Figur des „Bornkinnel" ein, die hier und da bis heute dem Weihnachtsfest und den weihnachtlichen Geschenken den Namen gibt. Das Bornkinnel ist eine Knabenfigur, die in der Adventszeit vor allem in westerzgebirgischen Kirchen, zumeist frisch eingekleidet, auf den Altar gestellt wird.

Bornkinnel stehen in einer Reihe von Orten des West- und Mittelerzgebirges im Advent auf dem Altar. Hier in der Kirche von Zwönitz. Holz geschnitzt, bekleidet. Höhe: 50 cm, 1688

Diese Figur führt uns hin zur kirchlichen Kunst im Erzgebirge, die wiederum von der des sächsischen Hofes geprägt war. Ehe wir unsere Gedanken dahin wenden, soll zunächst der Frage nachgegangen werden, woher die Vorstellungen von Engeln als himmlischen Boten überhaupt kommen.

Die Fußstapfen der Engel

Die Geschichte der Gottesboten

Engel in der Bibel · Engelhierarchien · Engellehren · Schutzengel

Die Vorstellungen der Menschen von den Engeln stammen aus vorbiblischen Zeiten. Das lässt sich daran ablesen, dass das Alte Testament kein eigenes Wort für sie, sondern unterschiedliche Begriffe hat, die verschiedene altorientalische Vorstellungen widerspiegeln.

Eine Gruppe von 72 jüdischen Gelehrten übertrug unter Ptolemäus II. (um 308–246 v. Chr.) die ersten fünf Bücher des Alten Testaments aus dem Hebräischen ins Griechische. Nach der Zahl 70 wurde die Übertragung Septuaginta genannt. Die Übersetzer verwendeten für die verschiedenen Botenfiguren des Textes den Begriff „angelos". Auf ihn geht unser Wort Engel zurück.

Engel treten uns im Alten und Neuen Testament als Einzelne, z. B. als Erzengel, aber auch in Gruppen entgegen. Immer handelt es sich um Geschöpfe, die Gott dienen. Sie sind Boten und Repräsentanten Gottes, z. B. bei der Vertreibung von Adam und Eva aus dem Paradies (Abb. S. 17). Die jüdische Literatur sieht sie auch als Mittler zwischen Gott und Menschen. Nach verschiedenen Stellen des Neuen Testamentes bedarf es dieser Vermittlung nicht mehr, nachdem Gottes Sohn in Jesus selber Mensch geworden ist. Doch spielen Engel in der Verkündigung eine große Rolle, so als Maria die Geburt Jesu prophezeit wird (Lukas 2) oder die Hirten auf dem Felde angerufen werden. Im

„Sehen Sie", sagte Hassan, „Sie sind
doch ein Engel." „O nein", antwortete
der Elf, „wenn du glaubst, ich sei ein
Engel, so hast du niemals einen gesehen.
Die Engel sind groß und leuchten wie die
Sonne am Mittag; niemand kann in ihr
Angesicht schauen, der nicht das seine
vom Irdischen abgewandt hat."

(Woldemar Bonsels)

Eine islamische Engeldarstellung: Muhammads wunderbare Reise durch die Hölle, Ausschnitt aus einer persischen Handschrift, die um 1436 in Herat in Afghanistan entstand

Hierarchie die Seraphim, die Cherubim (beide kommen an verschiedenen Stellen im Alten Testament vor) und die Throne. Sie stehen Gott am nächsten. Der mittleren Hierarchie gehören die Herrschaften, Mächte und Gewalten an. Zu der von Gott am weitesten entfernte Hierarchie zählen Fürstentümer, Erzengel und Engel.

Die katholische und die protestantische Theologie vertreten unterschiedliche Engellehren. Die katholische Richtung sieht Engel als geistige Kreaturen, deren übernatürliches Ziel wie das der Menschen die Anschauung Gottes ist, und unterscheidet zwischen „guten" und „gefallenen" Engeln. Die reformatorische Theologie lehnt außermenschliche geistige Geschöpfe als mythische Aussage ab, im Gegensatz zu den Ostkirchen, die eine eigene ausgeprägte Angelologie haben, nach der die Engel die himmlische Liturgie feiern. Der Islam hat eine eigene Angelologie und eine eigene Dämonologie (Abb. links). Die esoterische Richtung der „Traditionellen Engellehre" beruft sich auf die 72 Engel der jüdischen Geheimlehre Kabbala, die 72 Essenzen des Schöpfers darstellen. Nach dieser Lehre sind Engel keine geflügelten Wesen, sondern hohe Bewusstseinsebenen, die jeder Mensch in sich trägt. Für sie stellen Engel die Qualitäten, Tugenden und Kräfte des Schöpfers „in ihrer urreinen Essenz" dar.

Schutzengel spielen für viele Menschen eine wichtige Rolle. Ihre Verehrung ist im Christentum seit dem 9. Jahrhundert nachweisbar. Hinweise auf sie gibt es im Alten Testament z. B. im Psalm 91, 11–12: „Denn er befiehlt seinen Engeln, dich zu behüten auf all deinen Wegen. Sie

Erzgebirge treten uns Engel in dieser Rolle in Krippenszenen und als Einzelfiguren, kombiniert mit dem Symbol des Lichtes, häufig entgegen.

Im Mittelalter wurde versucht, eine Hierarchie der Engel aufzustellen. Ein christlicher Schriftsteller des 5. oder 6. Jahrhunderts – der sogenannte Pseudo-Dionysius Ariopagita – stellte eine Ordnung der Engel auf und teilte sie in drei Klassen (Hierarchien) zu jeweils drei Ordnungen (Chören) ein. Der Kirchenlehrer Thomas von Aquin (1126–1274) überarbeitete diese Systematik.

Nach den mittelalterlichen Hierarchien bilden den höchsten Chor und damit die erste

tragen dich auf ihren Händen, damit dein Fuß nicht an einen Stein stößt." Als ständige Begleiter eines Menschen treten sie im späteren jüdischen Schrifttum auf. Das Neue Testament kennt Schutzengel von Kindern (Matth. 18,10) und Erwachsenen (Apg. 12, 15). Aber immer bleiben sie unbegreifliche Wesen.

Wenden wir uns den Versuchen zu, die Wirklichkeit der Engel dennoch mit irdischen Mitteln zu fassen und darzustellen: ihrem Erscheinungsbild in der Kunst sowie dem Motiv der musizierenden Engel allgemein und in Sachsen sowie dem Erzgebirge im Besonderen.

Dieser älteste erhaltene schmiedeeiserne Schwibbogen aus Johanngeorgenstadt entstand im Jahre 1740 und zeigt u. a. den Engel, der Adam und Eva aus dem Paradies vetreibt, und einen Posaunenengel. (Foto Christian Teller; Weihnachtskarte des Landesvereins Sächsischer Heimatschutz e.V. 2003)

Von ehrfurchtgebietenden Jünglingen und lieblichen Putten

Engel in der Kunst

Christliche Kunst · Lichterengel und „Englischer Gruß" · Nürnbergs Bedeutung · Veit Stoß · Adam Kraft · Albrecht Dürer · Schutzmantelmadonnen · Putti

Engel sind eines der Hauptmotive der abendländischen Kunst in Buchmalerei, Malerei und Plastik. Ihre Darstellung hat sich über die Jahrhunderte hinweg ständig gewandelt.

In der frühen christlichen Kunst werden Engel als Männer dargestellt, bekleidet mit Untergewand (Tunika) und Mantel (Pallium). Flügel wachsen ihnen seit der Wende vom 4. zum 5. Jahrhundert. Einen Heiligenschein tragen sie öfter in der Ostkirche als im Westen. Menschliche Züge weisen die Engel zunehmend seit der romanischen Zeit (ab etwa 950) auf, aber z. B. auch in der persischen Buchmalerei (Abb. S. 16). Eine Zeit großer Engelfiguren ist die der französischen Kathedralen um 1200. In Deutschland werden Einflüsse aus Frankreich ebenso wirksam wie solche aus Italien. Engeldarstellungen finden hier in der Spätgotik und Frührenaissance in Werken großer Maler und Bildhauer einen ihrer Höhepunkte.

Greifen wir ein Beispiel heraus, das des Bildhauers Veit Stoß (um 1445–1533), der in Krakau und Nürnberg wirkte. Der Volkskundler Karl Ewald Fritzsch (1894–1974) nimmt an, die Gestaltung erzgebirgischer Lichterengel gehe auf die in seinem Umfeld geschaffenen lichtertragenden Figuren zurück, die in der Nürnberger St.-Lorenz-Kirche auf Tragebalken stehen und von denen einige grüne Flügel haben. Sie finden sich in der Nähe eines der Hauptwerke

Um die vielen Madonnen sind
viele ewige Engelknaben,
die Verheißung und Heimat haben
in dem Garten, wo Gott beginnt.

(Rainer Maria Rilke)

*Leuchterengel im „Außendienst"
(während der Restaurierung)
Heimatstandort: St. Lorenz,
Hallenchor, Nürnberg, geschaffen um
1500, restauriert im Frühjahr 2006,
möglicherweise Vorbild für erzgebirgische Engeldarstellungen*

des großen Bildhauers, beim „Engelsgruß"
oder „Englischen Gruß" von 1518. Dieses Bild-
werk stellt den Erzengel Gabriel und die Madonna in einem frei schwebenden Rosenkranz
dar, umgeben von schwebenden Engelsfiguren.
Außerdem musizieren zwei in Gewand und
Haltung bewegte Engel auf einer Fiedel bzw. einer Mandoline neben den beiden oberen Mari-
enmedaillons des Rosenkranzes.

Für Fritzschs Vermutung spricht, dass es zur
Handelsmetropole Nürnberg vom Erzgebirge
aus vielfältige Beziehungen gab. So waren
Nürnberger unter den Zuwanderern, die nach
dem Beginn der um die Mitte des 15. Jahrhunderts einsetzenden zweiten Welle des Silber-
bergbaus nach Schneeberg strömten. Martin
Römer (?–1483), einer der reichsten Fund-
grubner in der neuen Bergstadt, unterhielt
durch Verwandte und eine eigene Handelsnie-
derlassung sehr enge Verbindungen zur alten
Reichsstadt. Handelsströme flossen nach dem
Ende des Dreißigjährigen Krieges, vor allem im
18. und 19. Jahrhundert, aus den erzgebirgischen Holzspielzeugzentren in diesen Haupt-
handelsort für „Nürnberger Tand".

Schon in seiner Krakauer Zeit zwischen 1477
und 1498 verwendete Veit Stoß das Motiv der
schwebenden Engel für einen dortigen Altar. Es
kehrt wieder bei der „Schutzmantelmaria" des
Bildhauers Adam Kraft (um 1460–1508/09) in
der Nürnberger Frauenkirche.

Zur gleichen Zeit malte Albrecht Dürer
(1471–1528) den nach einer Familie Paumgart-
ner benannten Altar für die Kirche des Kathari-
nenklosters in Nürnberg, der sich heute in der
Alten Pinakothek in München befindet. Eine

Gruppe von vier bunt beflügelten Engeln hält
das Jesuskind schwebend auf einem Zipfel von
Marias dunkelblauem Mantel. Die Gottesmutter
blickt zu dem Knaben verehrend hinab. Die Engel – mit realistisch aufgefassten Kindergesich-
tern – erinnern in ihrer kontrastierenden Rolle
am Rande des Bildes an die beiden rätselhaften
Engelfiguren aus Raffaels „Sixtinischer Madonna" von 1513, auf die Kapitel 5 näher eingeht.

Von Engeln flankierte Madonnen – die zumeist Marias Mantel ausgebreitet halten – sind
ein ständig wiederkehrendes Sujet in der bil-
denden Kunst. Zuvor hatte es die Theologie aus
dem mittelalterlichen Rechtswesen übernommen: Hochgestellte Persönlichkeiten konnten
Verfolgten unter ihrem Mantel Asyl gewähren.
Wenn Engel den Schutzmantel der Madonna
ausbreiten, klingt das Motiv des Schutzengels an.

In Italien hatte die Renaissance wesentlich
früher als in Deutschland – um 1420 – eingesetzt. Uns interessiert insbesondere die sich in
dieser Zeit entwickelnde Figur der Putti, in
denen wir unmittelbare Vorbilder der Grünhainichener Elfpunkte-Engel erkennen können. Putten oder Putti (italienisch, Knäblein)
gehen zurück auf gotische Kinderengel und
kleine geflügelte Knaben aus der späten Antike, die „Eroten", wie sie z. B. von pompejani-
schen Wandmalereien bekannt sind. In der
Renaissance beginnt die Ausbreitung dieser
kindlichen Engelfiguren. Ihre reiche Tradition
führt die Kunstgeschichte auf den italienischen
Maler und Bildhauer Giotto di Bondone
(1266–1333) zurück. Eine Gruppe schwebender, bekleideter Engel finden wir schon in seiner ersten urkundlich sicher nachweisbaren

Arbeit. Es handelt sich dabei um die Aus-
schmückung der Arenakapelle in Padua mit
Fresken (vermutlich 1305/06).

Von Italien wandert das Motiv gen Norden.

Ein Beispiel: anmutig, kokett, tänzelnd, schon
sehr barock die „Allegorie der Kindheit", eine
Automatenfigur von der astronomischen Uhr
im Straßburger Münster (1571/74), die in Figur
und Haltung – abgesehen vom manieristisch

gestalteten Gewand – geradezu einen Grünhainichener Engel vorwegzunehmen scheint. Im
Barock und Rokoko treten – wie Torkild Hinrichsen im Katalog „Alle Engel dieser Erde"
drastisch formulierte – „ganze Myriaden spielender nackter Putti" auf. Sie sind überall in
Europa zu finden wie z. B. in der flämischen
Kunst ringsherum um die „Madonna im Rosenkranz" (Abb. unten).

*Peter Paul Rubens (1577–1640) und
Jan Brueghel d. Ä. (1568–1625):
Die Madonna im Blumenkranz, um
1620, Öl auf Holz, 185 x 209,8 cm;
Alte Pinakothek, München; Brueghels
Blütenkranz lässt die Madonna als Bild
im Bilde erscheinen, von Putten umgeben
wie von einem Reigen von variierten
Kinderstudien. Hierin vereinen sich die
älteren Bildtraditionen der Madonna
im Rosenhag und der Englein als Spiel-
gefährten des Jesusknaben.*

Himmlische Musik

Musizierende Engel in der Kunst

Sphärenmusik · Posaunenengel · Engelchöre · Engel in der Grafik · Engel auf Orgelprospekten

Über so mancher erzgebirgischen Figur liegt das „erzgebirgische Geheimnis" – wer z. B. schuf den ersten Lichterengel, die erste Arche Noah, den ersten Pflaumentoffel? Und obwohl wir Geburtsjahr und -ort der Elfpunkte-Engel genau kennen – niemand weiß exakt, welche Anregungen Grete Wendt aufnahm, als sie um 1923 die ersten drei Figuren dieser Serie schuf.

Die gedankliche Verbindung zwischen himmlischen Erscheinungen wie den Planeten und der Musik kommt aus der Antike. Archytas von Tarent (um 430–345 v. Chr.) erkannte u. a. den Schall als Luftbewegung und schrieb den Planetensphären eine eigene Musik zu. Johann Wolfgang von Goethe (1749–1832) übernimmt diese Vorstellung in seinem „Prolog im Himmel" zum „Faust", wenn er den Erzengel Raphael sprechen lässt: „Die Sonne tönt nach alter Weise / in Brudersphären Weltgesang, / und ihre vorgeschriebne Reise / vollendet sie mit Donnergang."

Nicht im Alten, aber im Neuen Testament treten Engel mit Musikinstrumenten auf. Jesus prophezeit in seiner „Ölbergrede" nach dem Evangelisten Matthäus: „Und er wird senden seine Engel mit hellen Posaunen" (Kapitel 24, Vers 31). Die Offenbarung des Johannes wiederholt das Motiv im 8. Kapitel: „Und ich sah die sieben Engel, die da stehen vor Gott, und ihnen wurden sieben Posaunen gegeben" (Vers 2).

*Wer sich nur einen Blick kann
über sich erschwingen,
Der kann das Gloria
mit Gottes Engeln singen.*

(Angelus Silesius)

Die sieben Posaunenengel des Jüngsten Gerichts aus einer Handschrift der Londoner Hofschule von Westminster (1270–1272) Die Handschrift präsentiert ihre apokalyptischen Szenen in einem verfeinerten höfischen Stil, der der Illustration eines Ritterromans fast angemessener scheint. Die Engel nehmen eine elegante Haltung ein und zeichnen sich durch nobel stilisierte Physiognomien aus.

In den Kapiteln 8 und 9 führt der Verfasser der Apokalypse auf, welch ungeheuerliche Ereignisse die ersten sechs Posaunenengel ankündigen, bis der siebte im 11. Kapitel das Ende aller Schrecken prophezeit: „Es sind die Reiche der Welt unsers Herrn und seines Christus geworden, und er wird regieren von Ewigkeit zu Ewigkeit" (Vers 15).

Beredte Darstellung hat ein solcher Ehrfurcht gebietender Posaunenengel in der Frühgotik am sogenannten Engelspfeiler im Südquerschiff des Straßburger Münsters gefunden, der das Weltgericht darstellt. Schöpfer ist der namentlich unbekannte „Straßburger Meister", von dem man annimmt, dass er in Chartres und Laon in Frankreich geschult wurde.

War es am Straßburger Münster um 1225–1230 ein einzelner Posaunenengel, so werden in der nach einem späteren Besitzer – Francis Douce (1756–1834) – benannten, zwischen 1270 und 1272 in London geschaffenen Handschrift „The Douce Apoclaypse" die sieben Posaunenengel als Gruppe dargestellt, und zwar in einem verfeinerten höfischen Stil (Abb. links). Aus der Gruppe Posaunen blasender Engel wurden in der gotischen Malerei gut 200 Jahre später Gruppen musizierender Engel: Zum Beispiel musizieren vier kindliche Engel links und rechts am Bildrand von Stephan Lochners (ca. 1400–1451) „Maria im Rosenhag" (Abb. S. 27) auf verschiedenen Instrumenten.

Der aus Deutschland gebürtige flämische Maler Hans Memling (zwischen 1433 und 1440–1494) lässt auf der Mitteltafel seines Weltgericht-Triptychons in Danzig drei Posaunenengel auftreten, auf anderen Gemälden zeigt er ganze Engelchöre ebenfalls mit typischen Musikinstrumenten der Zeit. Bekannte Beispiele sind seine „Madonna und Kind mit Engeln" (Paganolti-Triptychon, Florenz), die „Madonna und Kind mit einem Engel" (London) und die „Madonna und Kind mit der Hl. Katharina und der Hl. Barbara" (New York), „Christus in der Glorie" (Straßburg), die „Madonna und Kind" aus seiner Werkstatt (New York) sowie „Fünf musizierende Engel", je eine Gruppe auf dem linken und rechten Flügel seines Triptychons aus dem Kloster Santa Maria la Real in Nájero, heute im Königlichen Museum der Schönen Künste in Antwerpen (Abb. S. 25).

Vor Memling hatte Fra Angelico (1387–1455), der stilistisch zwischen Gotik und Frührenaissance steht, einen Fries musizierender Engel als Teil des Gran Taberneco (Florenz, Museo S. Marco) geschaffen, aufrecht stehende, erwachsene, Achtung gebietende Figuren.

Das Motiv der musizierenden Engel ist aus der Kunstgeschichte von der Gotik über Renaissance und Barock bis zum Rokoko nicht mehr wegzudenken. Dabei werden in der Regel die Instrumente sehr realistisch in der Art dargestellt, wie sie jeweils gebräuchlich waren.

Der italienische Bildhauer Donatello (eigentlich Doncato di Niccolò di Betto Bardi; um 1386–1466) schuf Reliefs von lustigen Scharen tanzender und singender Kinder an den Domen von Prato und Florenz und übernahm dabei das Puttenmotiv von altrömischen Sarkophagen. Für S. Antonio in Padua entwarf Donatello einen ekstatisch tanzenden Engel mit Tamburin, einen „kleinen Musikdämon" (Heinz-Georg Held), und beeinflusste damit Andrea Mantegna (1431–1566). Dessen „Thronende Madonna" umgibt ein geradezu lärmender Engelchor: „Sowohl die beiden unteren, Gamba spielenden Putten, die in Positur und Mimik den heutigen Rocksängern ähneln, als auch die von kindlichen Affekten bewegten, darin an die ‚Erotenspiele' antiker Sarkophage erinnernden, lautstarken Chorengel lassen eine musikalische Praxis erkennen, die auf andere als christliche Liturgien zurückgreift" (Heinz-Georg Held; Abb. S. 26).

Das Motiv der musizierenden Engel wanderte mit der sich ausbreitenden Druckkunst auch in die Grafik ein. Albrecht Dürer (1471–1528)

nahm in seine Holzschnittfolge „Die kleine Passion" eine Darstellung des Jüngsten Gerichts auf, die zwei Posaunenengel zeigt, die den richtenden Christus flankieren.

Das Motiv der musizierenden Engel gelangte – wie das der Putti – vom Süden in den Norden. Kniende geflügelte Engel finden wir z. B. bei dem flämischen Maler Jan van Eyck (um 1390–1441) auf seinem Hauptwerk, dem Gentner Altar, aber auch ungeflügelte musizierende Engelfiguren mit den Gesichtern junger Frauen. Eine davon, in ein reich verziertes Brokatgewand gehüllt, spielt Orgel, eine andere Viola da Gamba, eine weitere eine kleine Harfe, wieder andere singen.

Eines der bedeutendsten Beispiele in der deutschen Malerei ist der Isenheimer Altar in Colmar von Matthias Grünewald (um 1480–

Hans Memling: Musizierende Engel, (rechter Flügel eines Triptychons aus dem Kloster Santa Maria la Real in Nájera), um 1487–1490; Öl auf Holz, 165 x 230 cm, Koninklijk Museum voor Schone Kunsten, Antwerpen

1528; Lebensdaten ungesichert). Hier finden wir schwebende Engel u. a. auf der zweiten Schauseite des Altars, auf deren linker Tafel aber eine Gruppe geflügelter Musikanten, die auf seltsamen Musikinstrumenten spielen und in changierende Gewänder gekleidet sind. Obwohl es nur drei musizierende Engel sind, hat es sich eingebürgert, dieses Bild als „Engelkonzert" zu bezeichnen. Das große, in der Kunstwissenschaft immer wieder neu ausgedeutete Altarwerk wurde zwischen 1509 und 1516 ge-

schaffen. Es gilt als eines der ungewöhnlichsten der Kunst- und Geistesgeschichte.

Zur gleichen Zeit entstanden musizierende Engel auch als Werke der deutschen Plastik. Auf diejenigen im „Englischen Gruß" des Veit Stoß in Nürnberg wurde schon hingewiesen.

Von Tilman Riemenschneider (um 1460–1531) z. B. gibt es ein „Engelkonzert" mit sechs ungeflügelten Musikern (Skulpturensammlung und Museum für Byzantinische Kunst, Berlin). Mit diesem Künstler klingt die deutsche Hochgotik aus. Er hat ebenso wie Veit Stoß Leuchterengel geschaffen, die ebenfalls zum „Gestaltungsvorbild" (K. E. Fritzsch) geworden sein könnten und von denen je ein Paar im Main-Fränkischen Museum Würzburg, auf der Wartburg sowie im Victoria and Albert Museum London zu finden ist.

Andrea Mantegna, Thronende Madonna, u. a. mit zwei musizierenden Engeln unten rechts und links (Mittelteil), Verona, San Zeno, um 1458 („in Positur und Mimik heutigen Rocksängern ähnelnd", H. G. Held)

Der Holzschneider Christoffel Jegher (1598–1652 oder 1653), der fast ausschließlich nach Motiven von Peter Paul Rubens (1577–1640), dem Hauptmeister des flämischen Barock, arbeitete, verband mit seinem ein Saiteninstrument spielenden Engel die Vorstellung, dass Himmelskonzerte zum Lob Gottes dem Menschen den göttlichen Ursprung der Musik offenbaren.

Das Sujet der musizierenden Engel kehrt im 19. Jahrhundert auch bei der Malerschule der sogenannten „Nazarener" wieder. In deren Folge trat mit der Massenverbreitung von Holzstichen eine entsprechende Verflachung ein.

Musizierende Engel auf Orgelprospekten könnten ein eigenes Kapitel füllen. Orgeln hatten um 950 Eingang in die Kirchen gefunden. Im 14. und 15. Jahrhundert wurde dieses Instrument technisch weiterentwickelt. Der Orgelbau und damit auch die Orgelkunst erreichten ihre Hochblüte im 17. und 18. Jahrhundert, was sich auch in dekorativer Hinsicht auswirkte.

Schon 1604 erbaut Esaias Compenius (um 1560–1617) die Domorgel zu Magdeburg mit 40 Figuren, davon 12 beweglich. Über die ganze Schauseite der Orgel waren Engelchen verteilt. Leider wurde das Orgelgehäuse 1830 zerstört. Es ist aber ein alter Holzschnitt erhalten, der die Orgel mit David, Salomo und musizierenden Engeln zeigt.

Mit Gottfried Silbermann (1673–1753) aus Kleinbobritzsch bei Frauenstein erschien ein „Stern erster Größe am Orgelbauhimmel" (Herbert Lindner). Er kam aus der Landschaft, in der später die Engel mit den elf weißen Punkten auf den grünen Flügeln ihr Zuhause

fanden. Auch auf Orgelprospekten von Silbermann-Orgeln waren musizierende Engel postiert, z. B. in der Dresdener Frauenkirche (jetzt restauriert). Damit sind wir im „Engelland" Sachsen angekommen.

Stephan Lochner (ca. 1400–1451)
Maria im Rosenhag (Rosengarten),
um 1450
Öl auf Holz, 51 x 40 cm
Wallraf-Richartz-Museum, Köln.

Sachsen — ein Engel-Land

Engel in Kirchen, Museen, Sammlungen und berühmten Bauwerken

Sixtinische Madonna und Dresdner Altar · Zwinger · Porzellansammlung · Großsedlitz · Chemnitz · Annaberg · Hans Witten · Dom zu Freiberg · Orgel-Engel

Sachsen und sein Herrscherhaus der Wettiner wurden durch den im 12. Jahrhundert beginnenden Bergbau reich. Ablesen lässt sich das u. a. an den zahlreichen repräsentativen Sakral- und Profanbauten des Landes sowie an seinen Kunstschätzen.

Und wo es Kunst gibt, gibt es Engel. Auch in Sachsen in so großer Menge, dass wir uns auf Beispiele aus dem Themenfeld „Putten und kindliche Engel" beschränken müssen.

Die bekanntesten sächsischen Putten kommen aus Italien. Sie musizieren nicht – sie präsentieren sich in legerer Haltung. Geschaffen hat sie Raffaelo Santi (1483–1520) um 1513 in Rom (Abb. S. 30). Die Kunstwissenschaft rätselt noch immer

darüber, aus welchen Motiven die beiden eher gelangweilt nach oben schauenden geflügelten Halbfiguren an ihren Platz zu Füßen der Sixtinischen Madonna, ganz am unteren Rand des Bildes, kamen. Die Ikone der weltberühmten Dresdner Gemäldegalerie gelangte 1754 in die sächsische Hauptstadt, für eine damals horrende Summe – die Literaturangaben schwanken zwischen 12 500 und 20 000 Dukaten – angekauft von Kurfürst Friedrich August II. von Sachsen (1656–1763), der das Bild bereits 1711 auf seiner Reise durch Italien gesehen und sich seinen Erwerb vorgenommen hatte. Dieser einzige eheliche Sohn Augusts des Starken war unter dem Namen August III. auch König von Polen.

Und mit den Engeln schaun
auch wir nach oben,
in lichten Chören ewig ihn
zu loben!

(Julius Hübner)

Die berühmtesten Engel aus Sachsen, dort zu Hause seit 1754. Die Kunstwissenschaft rätselt bis heute über die Bedeutung der beiden geflügelten Engelknaben zu Füßen der Madonna, die im Hintergrund von Engelscharen umgeben ist. Raffaelo Santi (1483–1520): Sixtinische Madonna, um 1513, Öl auf Leinwand, 265 x 196 cm, Gemäldegalerie Alte Meister, Dresden

Noch in den Dreißigerjahren des 20. Jahrhunderts erzählten Dresdner Lehrer ihren Schülern, zwei Kinder hätten dem Künstler bei der Arbeit durchs Atelierfenster zugeschaut und er habe sie unbemerkt abgemalt. Diese Legende geht wohl auf Wilhelm Schäfer zurück, der sie in seinem um 1859 erschienenen Werk „Die Königliche Gemälde-Galerie zu Dresden" wie folgt vortrug: „Als nämlich eines Tages der fantasiereiche Künstler sein Atelier betrat, fand er zwei kräftige Knaben in einer Stellung vor dem Bilde, welche zeigte, wie sie so ganz in der Anschauung desselben versunken waren. Augenblicklich fand er, dass er eigentlich durch diese Gruppe die Leere des unteren Raumes im Bilde ganz passend ausfüllen könne. Er bat in seiner gewohnten Liebenswürdigkeit die Kinder, ruhig in der angenommenen Stellung etwas zu verharren, und machte sofort Anstalt, sie in dieser Situation als Studie zu skizzieren …"

Es hat sich die Meinung durchgesetzt, dass die beiden Engelchen „den Zugang zum Bild schaffen" und „zu dessen Vermenschlichung" beitragen (Manfred Bachmann u. a.). Auch korrespondieren sie mit den Engelköpfen, die – auf vielen Reproduktionen nur schlecht zu erkennen – die Madonna wolkenartig umgeben.

Wie dem auch sei, gewiss hat die bis in die heutige Zeit auf vielfältigste Weise als Dekoration

Die Amorettengruppe ist wohl dem berühmten Meißner Porzellangestalter Johann Joachim Kaendler zuzuschreiben, um 1740

verwendete Figurengruppe die mit dem Barock einsetzende „Putteninflation" in Sachsen noch beschleunigt und dazu beigetragen, Sachsen zu einem führenden „Engel-Land" zu machen.

Die berühmte Dresdner Galerie Alter Meister bietet weitere bekannte Beispiele. Man denke nur an Albrecht Dürers schwebende Engel auf dem sogenannten „Dresdner Altar" aus der Zeit nach 1496. Diese Engel sind allerdings keine lieblichen Putten. Sie haben relativ große Köpfe und ausdrucksstarke Gesichtszüge wie etwa auch Dürers „Weinender Engel" im Kupferstichkabinett in Berlin.

Wer aus der Gemäldegalerie heraustritt und den Zwinger durchwandert, trifft überall auf Putten. Sogar das Deckenfresko im Mathematischen Salon zeigt sie, wenn auch im vorchristlichen, römischen Götterhimmel: Louis des Silvestre (1675–1760) umgibt Jupiter auf seinem Wolkenthron mit schwebenden, geflügelten Engelsfiguren.

Und dann die Skulpturen überall im Zwinger! Da finden wir u. a. die Vier Jahreszeiten in Puttenform, ein musizierendes Kind, einen Jungen mit Drachen und Schwert, einen Putto als Begleiter der Fruchtbarkeitsgöttin Ceres in einer Nische am Kronentor, von dem Siegfried Asche schrieb, er sei „ein sehr wohlgesetzter Knabe" – alle von Balthasar Permoser, genannt „Balthasar mit dem Barte" (1651–1732). Mit Putten sind außerdem u. a. vertreten: Johann Joachim Kretzschmer (1677–1740), Johann Matthäus Oberschall (1688 oder 1689–1755), Paul Egell (1691–1752), Benjamin Thomae (1682–1751) und Johann Christian Kirchner (1691–1732).

Im Zwinger finden wir auch die berühmte, auf Friedrich August I. („August der Starke", als August II. König von Polen; 1670–1733) zurückgehende Porzellansammlung, darin viele Bildwerke aus der Meißner Porzellanmanufaktur. Es wäre ein Wunder, wenn nicht auch in Meißen das Puttenmotiv eine Rolle gespielt hätte. Dazu gehört u. a. eine entzückende Amorettengruppe, vermutlich von Johann Joachim Kaendler (1706–1775; Abb. S. 31). Ende der Fünfzigerjahre des 18. Jahrhunderts, im Zeitalter des Rokoko, kamen in Meißen zahlreiche Kinderfiguren und -gruppen auf, darunter Gärtner-, Nationalitäten-, Komödien- und Devisenkinder (die Devisen = Botschaften überbringen). Weitere Puttengruppen verniedlichten Themen der griechischen Mythologie im Geschmack des späten Rokoko. Amoretten halten sich als Porzellanmotiv in moderner Form bis ins 20. Jahrhundert hinein, nicht nur in der Meißner Kollektion.

Im 19. Jahrhundert entwickelte sich neben der königlichen, d. h. staatlichen Meißner Manufaktur auch eine „bürgerliche", d. h. private sächsische Porzellanindustrie. Dazu gehört die bis heute tätige, zu DDR-Zeiten vorüberge-

hend verstaatlichte Sächsische Porzellan Manufaktur Dresden GmbH, gegründet 1872 als „Sächsische Porzellanfabrik zu Potschappel von Carl Thieme" (nach Besitzerwechsel mit dem Zusatz „Inh. Carl Kuntzsch" geführt). Der vollständig erhaltene Modellfundus umfasst ca. 12 500 Motive, darunter viele Putten vornehmlich in der Tradition des Rokoko.

Nicht nur im Zwinger, überall in sächsischen Schlössern und Parkanlagen finden wir zahlreiche Zeugnisse der reichen sächsischen Puttenkultur. Begeben wir uns nur auf dem linken Elbufer einige Kilometer flussaufwärts in Richtung Pirna zum Park Großsedlitz bei Heidenau. Dort schmücken musizierende Putten eine wohl von Matthäus Daniel Pöppelmann (1662–1736) geschaffene treppenumrahmte Fontä-

Ausschnitt aus der Treppenanlage „Stille Musik" im Barockpark Großsedlitz bei Heidenau

Einer der frühesten musizierenden Engel im Umfeld des Erzgebirges befindet sich in einer Figurengruppe am spätgotischen Portal der ehemaligen Benedektiner-Klosterkirche am Schlossberg zu Chemnitz, einem Werk von Hans Witten und Franz Maidburg

nenanlage mit dem schönen Namen „Stille Musik" (Abb. S. 32).

Von der „Stillen Musik" im barocken Großsedlitz ist es nur ein kleiner gedanklicher Sprung zu musizierenden Engeln in sächsischen Kirchen. Die früheste Gruppe, die ich im erzgebirgischen Umfeld entdecken konnte, befindet sich im oberen Bogenfeld des reich verzierten Portals der ehemaligen Benediktiner-Klosterkirche zu Chemnitz unmittelbar am Schlossbergmuseum. Dieses spätgotische Werk wurde um 1503/05 von Hans Witten (um 1470 – nach 1522) entworfen und von Franz Maidburg (nachweisbar 1503–1525) vollendet. Der Gnadenstuhl über einer Figurengruppe um die von Engeln gekrönte Maria ist von musizierenden Engeln umgeben (Abb. S. 32).

Weitere bedeutende Werke von Hans Witten sind die ursprünglich für die Franziskanerkirche geschaffene „Schöne Tür" an der St.-Annenkirche zu Annaberg und der Taufstein, der wohl aus der Kirche des Chemnitzer Benediktinerklosters hierher kam. An seinem Fuße blicken drei die Taufgnade erbittende Kinder zu drei Engelkindern empor, die ein Spruchband halten. Im Bogenfeld der „Schönen Tür" beten neun Engel – die neun Chöre der Engel symbolisierend – die Heilige Dreifaltigkeit an.

Von einem unbekannten Freiberger Meister geschaffen wurde der Altar der Bergknappschaft von 1531 in der gleichen Kirche, dessen Rückseite die Bildtafeln von Hans Hesse (nachweisbar 1491–1521) mit der Danielslegende zeigt (Abb. S. 10). Im Bogenfeld über dem Mittelschrein mit der Geburt Jesu finden wir eine ganze Schar jubilierender und musizierender Engel.

Wohl nicht aus einer Kirche, sondern vermutlich aus dem Wasserschloss Klaffenbach stammen die ursprünglich vier aus Holz geschnitzten Musikantenfiguren im Schlossbergmuseum Chemnitz, von denen noch drei vorhanden sind. Die Instrumente sind detailgerecht dargestellt, die Figuren von künstlerischer Qualität. Sie stammen von dem 1595 bis 1629

Die steinerne Tulpenkanzel mit vier spielenden Engelkindern im Freiberger Dom – „eines der schönsten Werke spätgotischer Bildnerei überhaupt" (Heinrich Magirius) 3,90 m hoch, um 1510

Pflanzenstängeln. Diese Stängel tragen die Kanzel in der Form eines Blütenkelches – „eines der schönsten Werke spätgotischer Bildnerei überhaupt" (Heinrich Magirius, Abb. S. 33).

Chor und Querschiff des Freiberger Doms dienten als Fürstengruft und Begräbniskapelle der Wettiner, solange diese protestantisch waren (letzter Wettiner in der Grablege: Johann Georg IV., 1668–1694). Hier finden wir die interessanteste Darstellung musizierender Engel in einem sächsischen Sakralgebäude: Am Gewölbe wird die Ankündigung des Jüngsten Gerichts nach der Apokalypse des Johannes dargestellt. 40 Cherubim umgeben den Gericht haltenden Christus und den Erzengel Michael. Vier dieser Engel blasen in Trompeten zur Auferstehung der Toten. Unter ihnen auf dem Hauptgesims singen und musizieren 34 stehende und sitzende geflügelte Engel. Von den 30 Instrumenten sind nur neun Attrappen, die übrigen spielfähig bzw. in einem rekonstruierbaren Zustand.

In einem Forschungsprojekt wurden im Jahre 2002 die Freiberger Instrumente näher untersucht und dann spielfähig nachgebaut. Das Ensemble „Musica Freybergensis" unter der Leitung von Roland Wilson hat Musik aus der Zeit um 1600 auf diesen Instrumenten gespielt und als CD herausgebracht. Der Entwurf der Begräbniskapelle stammt hauptsächlich von Giovanni Maria Nosseni (1544–1620), dem Hofarchitekten, Hofbildhauer und Planer von höfischen Festumzügen, gebürtig aus Lugano. Für die Ausführung der Engel zeichnete Carlo de Cesare verantwortlich, der dafür zweieinhalb Jahre in Freiberg tätig war.

Musizierende Engel, z.T. mit Originalinstrumenten als plastische Figuren im Deckengemälde (oben) sowie freistehend auf dem Gesims der Wandpfeiler (Abb. S. 35); Details aus der Begräbniskapelle der Wettiner, der Fürstengruft im Freiburger Dom. Entwurf: Giovanni Maria Nosseni, ausgeführt von Carlo de Cesare um 1590

in Chemnitz nachweisbaren Michael Hegewald.

Ein weiteres bedeutendes, weit über Sachsen hinaus bekanntes Werk von Hans Witten ist die Tulpenkanzel im Freiberger Dom, geschaffen um 1510. Vier Engelkinder spielen zwischen den

Die Orgel im Freiberger Dom, in vierjähriger Arbeit geschaffen und 1714 nach einer „Orgelmahlzeit" im Hause des Bürgermeisters eingeweiht, begründete den Ruhm des Orgel- und Klavierbauers Gottfried Silbermann. An ihrer linken Seite sitzt ein großer, Orgel spielender Engel; ein Engel trägt Manual und Orgelpfeifen auf dem Rücken. Auf der rechten Seite schlägt ein Engel ein Paar Pauken. Blasende Engel begleiten den Giebelaufbau. Schöpfer der Engel ist der Bildhauer Johann Adam Georgi.

Etwa aus der gleichen Zeit stammen sechs Engelfiguren vom Prospekt einer Orgel, die sich bis 1738 in der Dresdner Schlosskapelle, später in der Kirche zu Dresden-Friedrichstadt befanden. Die Figuren sind vermutlich erst dort dem Orgelprospekt zugefügt worden. Das Be-

Der sächsische Amoretten-/Puttenkult fand Ausdruck auch in der Porzellankunst. Die Modelle für die Amorettenserie aus der Dresdner Porzellanmanufaktur sind ca. um 1900 nach Zeichnungen des Malers J. E. Schenau aus Großschönau entstanden. Die niedlichen geflügelten Kinder spielen mit Herzen und versinnbildlichen die französischen Zeilen auf den Sockeln. Von links nach rechts:
„Ich entflamme sie",
„Ich führe sie zusammen"
„Ich nehme es leicht"
Die Manufaktur brachte 1915 in ähnlicher Größe und Gestaltung eine Gruppe von sieben musizierenden Engeln heraus (siehe S. 59).

Hängeleuchter mit Mittelspindel, „Baameln" (= baumelnden, glockenähnlichen Schmuckelementen) und musizierenden Engeln; vermutlich um 1810 entstanden; im Jahre 2008 vom Museum für Sächsische Volkskunst, Dresden, aus Privatbesitz erworben

sondere an ihnen war, dass zwei von ihnen mit dem rechten Arm Trompeten zum Munde führten und zwei die Bewegung des Trommelns nachahmten, diese vier also – vermutlich vom Blasebalg angetrieben – beweglich waren. Zusammen mit den übrigen Beständen des Museums des Sächsischen Altertumsvereins gingen die Engel im Palais im Großen Garten am 14. Februar 1945 wohl in Flammen auf, denn sie sind nicht mehr auffindbar. Damit gingen diese interessanten Beispiele sogenannter „Beweglicher Plastik" unter. Bewegliche kleine Figuren, nach ähnlichen Prinzipien konstruiert, sind Bestandteile vieler erzgebirgischer Heimat- und Weihnachtsberge.

Mit den erwähnten Stationen hat unsere Reise durch das Engel-Land Sachsen nur einige Höhepunkte der Engelkunst herausheben können. Alle diese Stätten hat Grete Wendt, die Schöpferin der Grünhainichener Elfpunkte-Engel, gekannt oder hätte sie besuchen können. Das Rätsel bleibt, von wo sie die Idee aufgenommen hat, ein Engelorchester bzw. eine Engelgruppe in der Form erzgebirgischer Miniaturfiguren zu schaffen.

Ohne Zweifel war Grete Wendt die erste Entwerferin und Serienproduzentin von musizierenden Engeln mit Armen und Beinen, die aus zwei schräg aneinander gesetzten Teilen bestehen und damit eine Bewegung simulieren. Doch wie fast immer in den verschiedensten Künsten gibt es auch dafür einzelne Vorläufer. Einer davon ist die Darstellung einer kirchlichen Szene mit Kanzelaltar, Prediger, vier Zuhörern, Adam und Eva, Apostelfiguren, Engelköpfen und vier musizierenden, geflügelten

Engeln, die 1936 aus Radebeuler Privatbesitz in den Besitz des jetzigen Museums für Sächsische Volkskunst kam. Die Arbeit soll aus einem ost-thüringischen Pfarrhaus stammen und Ende des 18. Jahrhunderts entstanden sein. Grete Wendt kann sie wohl kaum gekannt haben (Abb. S. 37).

Im Museum befinden sich außerdem acht Schwebeengel verschiedener Größe aus der Hand des Oberwiesenthaler Volkskünstlers Karl Hertelt (1837–1921), der sie für eine Weihnachtskrippe schuf, die er um 1910 für den Eisengießer Guido Enderlein (1866–1924) anfertigte.

Auch kleinere und größere Posaunenengel, weiß mit rot-blauen Verzierungen und goldenen Flügeln, des Seiffener Volkskünstlers Karl Müller (1871–1958) aus der Zeit um 1910 sind in den Vitrinen des Museums ausgestellt.

Gerade erst erworben wurde ein Leuchter mit Mittelspindel, ornamental gebogenen Armen, Kerzenhaltern und schwebenden, musizierenden Engeln. Nach mündlicher Familientradition wurde er um 1810 von Gottlob Friedrich Lichtenberger, Berghäuer in Oberlangenau, geschaffen. Die Figuren sind aus Lindenholz gefertigt. Buchstaben aus Pappelholz verweisen auf den Gestalter (GFL) und auf die Entstehungszeit (X FA = Kurfürst Friedrich August III, 1768–1827, seit 1806 Rex = König von Sachsen, Abb. S. 36). Eine weitere Leuchterspinne mit musizierenden und anderen Schwebeengeln zeigt das Museum der zwischen Grünhainichen und Freiberg gelegenen Stadt Brand-Erbisdorf. Alle diese Einzelstücke zeigen, wie fest Grete Wendt mit ihren Schöpfungen in der Tradition der erzgebirgischen Volkskunst steht.

Miniaturhafte Darstellung einer kirchlichen Szene: Predigt von der Kanzel einer evangelischen Kirche und vier sitzende Zuhörer, vier musizierende Engel sowie Engelköpfe
Holz, bemalt; Verwendung von Textilgewebe, angeblich Ostthüringen, Mitte 18. Jahrhundert. Museum für Sächsische Volkskunst mit Puppentheatersammlung, Dresden

Die irdische Heimat der Engel

Ein Besuch in Grünhainichen

Waldhufendorf · Ortsname und Ortslage · Handelsort für Holzwaren · Produktionsort für Holzwaren · Spielzeug-Verleger · Holzgewerbe heute

Unsere Reise durch das Engel-Land Sachsen und das Erzgebirge an dessen südlichem Rand führt uns nach Grünhainichen, in das Engeldorf mit dem Engelhaus von Wendt & Kühn, wo die Elfpunkte-Engel, die ebenso beliebten Blumenkinder und anderer „Spiel- und Tändelkram" althergebracht in Handarbeit entstehen.

Vom Flöhatal, wo sich der Bahnhof Grünhainichen-Borstendorf der Erzgebirgsbahn Flöha-Olbernhau und ältere Fabrikanlagen befinden, zieht sich das Dorf lang gestreckt den Berg hinauf (Abb. S. 40). Deutlich ist die Anlage als Waldhufendorf zu erkennen, also als mittelalterliche Siedlung auf gerodetem Waldland. Bei der Besiedelung – in Grünhainichen vermutlich im

13. Jahrhundert – wurde ein doppelzeiliges Reihendorf angelegt. Die zu bewirtschaftende Fläche schloss sich jeweils an die Hofgrundstücke an. Unter einer Hufe wurde die zum Lebensunterhalt notwendige Hofstätte einer bäuerlichen Familie verstanden, etwa 7 bis 10 ha groß, mit Ackerland sowie Beteiligung an der Allmende, den gemeinschaftlich genutzten Flächen im Dorf.

Urkundlich erwähnt wird das Dorf um 1349/50, als der Wettiner Markgraf Friedrich III. („der Strenge", 1332–1381) seine Besitzungen in einem Lehnbuch erfassen ließ, und zwar als Heinchin. Den heutigen Namen trägt das Dorf seit 1548. Woher der Ortsname kommt?

Wo die Schnitzer sind zu Hause
und die Engel heimisch wurden,
wo der Arbeitsgeist der Schöpfung
triumphiert auf deinen Fluren –
Freunde in der Ferne,
in der Ferne Freunde.

(Klaus Hein)

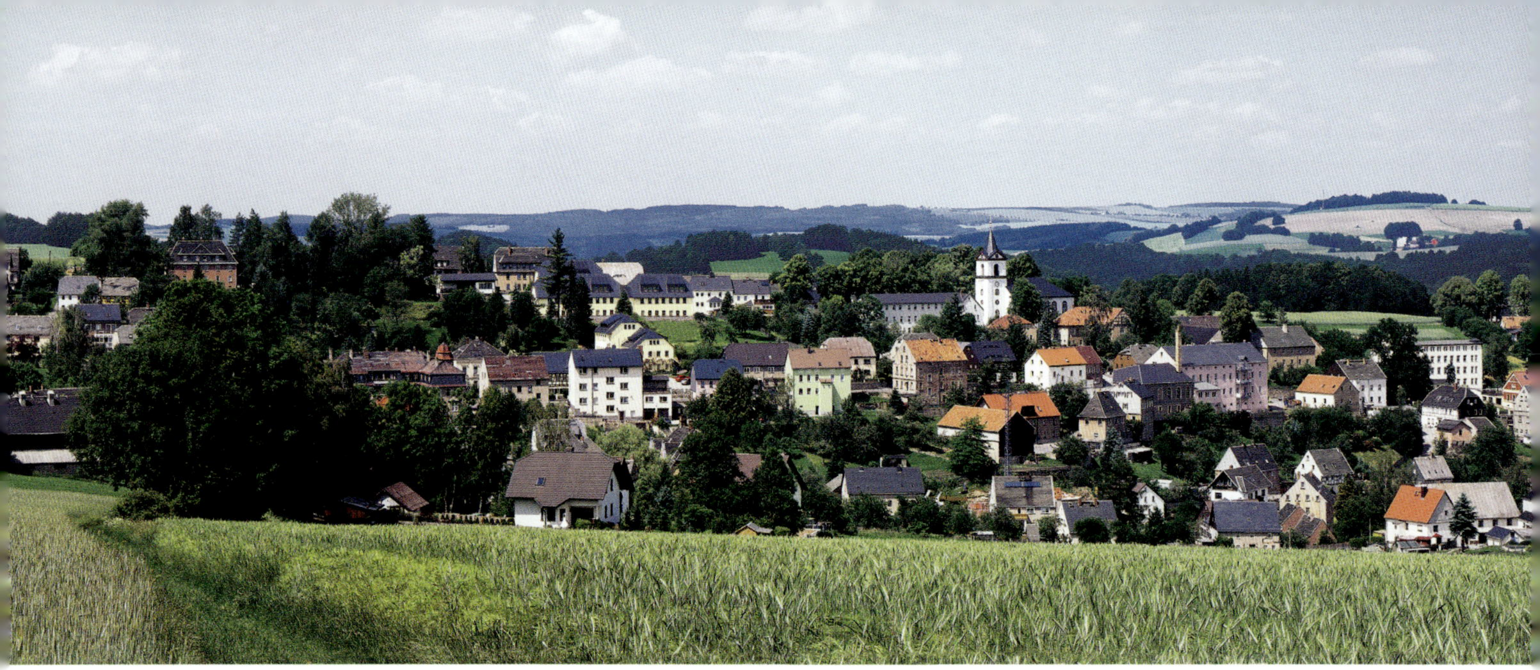

Blick auf Grünhainichen, rechts von der Bildmitte die Kirche

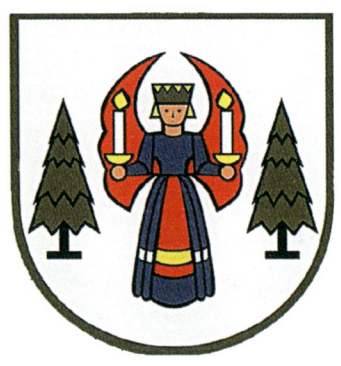

Stadtwappen von Grünhainichen mit Kerzen tragendem Engel und dem Motiv der Fichte, das auf das Firmenlogo von Wendt & Kühn zurückgeht (Abb. S. 52 und 54)

Vielleicht haben die Siedler ihn mitgebracht, oder er beschrieb die örtlichen Gegebenheiten, die diese vorfanden. Im berühmten, von den Brüdern Wilhelm (1786–1859) und Jakob (1785–1863) Grimm begründeten Wörterbuch wird zum Wortstamm u. a. mitgeteilt: „Häufig wird der hain in verbindung mit dem bebauten felde oder dem gebirge genannt, daraus erwachsen die formeln flur und hain, hain und felder, hain und hügel u.a.… Luther verbindet mit hain den sinn einer waldigen, angebauten gegend."

Diese Beschreibungen können den Ortsnamen gut erklären. Der Zusatz „Grün" – so vermuten Ortschronisten – könnte gewählt worden sein, um das Dorf vom nahe gelegenen Hainichen – an der Autobahnausfahrt zwischen Frankenberg und Siebenlehn – zu unterscheiden. Nicht verwechselt werden sollte Grünhainichen mit der ebenfalls erzgebirgischen Stadt Grünhain im ehemaligen Landkreis Schwarzenberg (jetzt Großkreis Erzgebirge).

Grünhainichen hat eine Ortslage von 398 bis 500 m und wurde – wie viele Waldhufendörfer – in einer Quellmulde angelegt, von der der Dorfbach zur Flöha hinunterfließt, der heute erst im Unterdorf bei der seit 1650 genannten Spanziehmühle – privat als technisches Denkmal betrieben – zutage tritt.

Die Siedler bewirtschafteten nicht nur ihr Land, sondern hatten z. B. als Zimmermann, Waldarbeiter, Stellmacher usw. Zweitberufe, damit die kleine Gemeinschaft sich weitgehend selbst versorgen konnte – der Ursprung der im Erzgebirge bis ins 20. Jahrhundert hinein typischen Zweit- und Drittberufstätigkeit. Sehen wir uns an, wie sich Grünhainichen etwa fünfhundert Jahre nach der Gründung im Jahre 1840 darstellte, als Albert Schiffner seine „Beschreibung von Sachsen" veröffentlichte: „Grünhainichen (vulgo Grihänichen; 940 E.) mit Lehn-G. und Gasthof an der Zschopau-Freiberger Straße, steigt vom linken Ufer der Flöha (wo eine Brü-

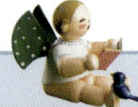

cke und 1 Mühle mit Säge, auch der hohe Wolfstein) auf bedeutende Höhe hinaus, zeigt viele stadtmäßig hübsche Häuser, enthält seit 1833 eine Zeichnenschule, ferner einen graduirten Arzt und 5 bedeutende Handlungen, die in Holzwaaren (allerlei Geräthschaften, Werk- und Spielzeuge) selbst nach Nord-Amerika starke Geschäfte machen, bisher auch Grenzhandel trieben. Die Holzwaaren liefern, außer Grünhainichen selbst, auch Waldkirchen, Borstendorf, Marbach, Wünschendorf und Börnichen, so wie die Seiffner Gegend. Eine solche Handlung besteht auch in Waldkirchen."

Aus der bäuerlichen Erzeugung von Holzwaren für den Eigenbedarf und die Dorfgemeinschaft hatte sich schon früh ein Produktions- und Handelsgewerbe entwickelt, begünstigt von dem Wald- bzw. Holzreichtum ringsum und der relativ günstige Lage zwischen Zschopau, Flöha und Freiberg. Grünhainichen ist stolz darauf, dass der wohl früheste belegbare Hinweis auf die Produktion von Holzwaren im Erzgebirge (auf das Jahr 1579 datiert) aus dem Dorf stammt – Hanse Oehmen wird darin als Löffelmacher genannt.

Ein 1682 geborener Christoph Oehme wird zum Stammvater dreier Oehmescher Verlegerlinien. Sein Enkel, Johann David Oehme, gründete 1789 ein Geschäftshaus in Grünhainichen. Spielzeugverleger ließen in der Regel Spielzeug nach ihren eigenen Mustern in Heimarbeit herstellen (Abb. s. unten), sammelten die Ware, stellten Sortimente zusammen und übernahmen Finanzierung, Vertrieb wie Transport der Ware nach Leipzig, Nürnberg und anderen Handelszentren.

Dieses Verlagswesen ging aus kleinen Anfängen hervor. So fuhr der Häusler und Händler Christoph Wagner aus Grünhainichen im Jahre 1613 mit dem „Schiebbock" nach Leipzig, um auf der Messe hölzerne Ware feilzubieten. Um 1790 waren 31 Händler und Verleger in Grünhainichen ansässig. Der Ort erhielt den scherzhaften Beinamen „Klein-Leipzig" und exportierte nachweisbar um diese Zeit schon nach Übersee.

Die 1809 gegründete Firma C. F. Drechsel ist noch heute in Grünhainichen als Spielwarenverlag tätig. Wendt & Kühn hat seinen Firmen-

Spielzeughändler sind in Grünhainichen seit der Wende vom 16. zum 17. Jahrhundert nachweisbar. Hier ein Blatt aus dem Musterbuch eines Grünhainichener Spielzeugverlegers, das als Vorlage für die Gestaltung und als Verkaufsunterlage diente

Das Museum Erzgebirgische Volkskunst in Grünhainichen ist in der ehemaligen Fachschule untergebracht. Es präsentiert Zeugnisse zur Geschichte des Ortes und alten Hozwarenhandelsgeschäftes, vor allem aber eine sehenswerte Auswahl historischer Erzeugnisse aus der Region

Künstlerische Spielwaren nach Modellen der K. Fachgewerbeschule Grünhainichen.

C. Lausitzer Dorf (Anschauungsmittel) (entw. Architekt Ernst Kühn). Mk. 40.—.

B. Erzgebirgisches Dorf (Oberbaurat K. Schmidt und Prof. O. Seyffert). Mk. 17.50.

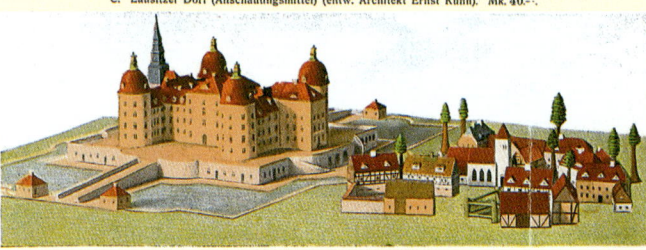

G. Schloß Moritzburg und Dorf. Mk. 26.50.

F. Festung nach Motiven der Pleißenburg in Leipzig (Prof. H. Tscharmann). Mk. 16.—.

J. Puppenschlafstube mit Einrichtung (Rgbmstr. Thiele). Mk. 23.—.

D¹. Stallbau mit Einrichtung (Architekt Ernst Kühn).

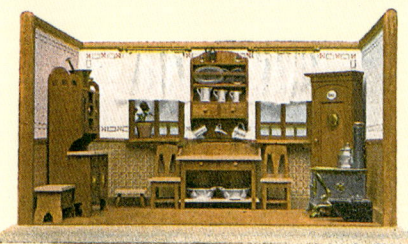

H. Puppenküche mit vollständiger Einrichtung (Rgbmstr. Thiele). Mk. 18.—.

Modelle für künstlerische Spielwaren der 1852 gegründeten Königlich-Sächsischen Fachgewerbeschule Grünhainichen aus der Zeit von Albert Wendt (Abb. S. 43)

sitz seit 1917 im traditionsreichen, denkmalgeschützten Verleger- und Versandhaus der Firma Carl Weber, das 1833 erbaut und 1844 erweitert worden war. Nach den Angaben von Grete Wendt stand es mehrere Jahre leer und konnte deshalb günstig erworben werden.

In Grünhainichen sind heute neben Wendt & Kühn eine Reihe weiterer handwerklicher Holzgewerbebetriebe tätig, so die 1933 gegründete Firma Emil Helbig, Inhaberin Bettina Bergmann geb. Helbig, die auf das Jahr 1929 zurückgehenden Kunstgewerblichen Werkstätten Schumann, die für ihre „Faltenrockengel" be-

kannte Firma BLANK, die Puppenmacherin Annedore Krebs und die 1991 gegründete, aus einem Betriebsteil der VEB VERO hervorgegangene ERZI-Qualitätsprodukte aus Holz GmbH. Eine wichtige Rolle für Grünhainichen als Kunstgewerbe- und Spielzeugort – und für die Firma Wendt & Kühn – spielte die Spielwarenfach- und Gewerbeschule, deren Geschichte 1954 zu Ende ging (Abb. oben).

Schiffner erwähnt – wir lasen es – eine 1833 gegründete „Zeichnenschule", und auch in Seifen, dem bedeutenden Zentrum erzgebirgischer Spiel- und Holzwarenproduktion, wurde bereits

um 1833 fachgewerblich orientierter Zeichenunterricht erteilt. Dort wurde im Jahre 1852 eine Spielwarenschule gegründet. In Grünhainichen wurde 1874 eine Fachgewerbeschule eröffnet, die 1879 ein eigenes Gebäude erhielt. An ihre Spitze trat 1884 zum ersten Mal ein Direktor, der in Freienwalde geborene Albert Wendt, Sohn eines Drechslermeisters, der in Berlin die Gewerbe- und Kunstakademie absolviert hatte (Abb. unten). Er stand der Schule bis 1919 vor.

Nachfolger wurde Alwin Seifert (1873–1937), der schon seit 1914 an der Spitze der Seiffener Schule stand, deren Leitung er bis 1933 ebenfalls beibehielt. Zusammen mit dem von ihm 1921 nach Grünhainichen berufenen, aus Hainichen gebürtigen Schnitzer und Holzbildhauer Emil Helbig (1883–1976) legte er 1933 aus politischen Gründen sein Amt nieder. Seifert beriet u. a. seinen ehemaligen Mitarbeiter, als dieser sich in Grünhainichen mit einer Werkstatt selbstständig machte (s. Heinold/Paulsen, Erzgebirgisches Spielzeug-ABC, Stichwort Männelmacher).

Albert Wendts Tochter Margarete (genannt Grete, 1887–1979) gründete mit ihrer Studienkollegin Margarete Kühn (1888–1977) mitten im Ersten Weltkrieg – im Jahre 1915 – die Firma M. Wendt & M. Kühn, der wir uns in den folgenden Kapiteln zuwenden.

Albert Wendt (ganz links) stand der Grünhainichener Gewerbefachschule von 1884 bis 1919 vor. Er ist der Vater von Grete Wendt, der Schöpferin der Elfpunkte-Engel.

Grete und Olly Wendt

Die Schöpferinnen der Grünhainichener Engel

Margarete Junge · Margarete Wendt · Kunstgewerbe- und Fachschulen · Karl Schmidt · Margarete Wendt in München · Der Leitengel der Firma · Beerenkinder · Festgedicht für Oskar Seyffert · Margarete Kühn · Johannes Wendt · Olly Wendt geb. Sommer · Hans und Tobias Wendt

Die faszinierende Geschichte der Elfpunkte-Engel und ihrer zahlreichen Geschwisterfiguren ist vor allem die Geschichte einiger ideenreicher Frauen: einer prägenden Lehrerin und drei ihrer Schülerinnen, die verschiedene Begabungen miteinander vereinten, nämlich solide handwerkliche Fähigkeiten, künstlerische Kreativität und unternehmerischen Wagemut. Damit waren sie als Frauen ihrer Zeit weit voraus.

Die Lehrerin hieß Margarete Junge. Sie wurde 1874 in Dresden als Tochter des Uhrmachers und Kaufmanns Johann Bernhard Junge und einer französischen Mutter geboren. Der Vater ermöglichte ihr Privatunterricht, vermutlich bei dem Dresdner Maler Wilhelm Claudius, später

den Besuch der Zeichenschule des Frauenerwerbsvereins und anschließend ein zweijähriges Studium in München.

Margarete Junge wurde 1907 als Lehrerin – später Professorin – für die neu errichtete Frauenklasse an die Kunstgewerbeschule Dresden berufen. Gerade 33 Jahre alt, galt sie schon als angesehene Möbeldesignerin und Kunstgewerbegestalterin. Mit ihrer Freundin Gertrud Kleinhempel (1875–1948) arbeitete sie als Entwerferin für die „Dresdner Werkstätten für Handwerkskunst Schmidt und Müller" – die Keimzelle der Deutschen Werkstätten Hellerau. Sie wurde 1933 als „wahrscheinlich kommunistisch" denunziert und ihres Amtes enthoben.

Bin eine kleine Welt, geschickt gemacht
Aus Elementen und aus Engels-Geist

(John Donne)

Freischaffend lebte sie bis zu ihrem Tode 1966 in Hellerau.

Zu ihren Schülerinnen und Schülern hatte sie ein enges Verhältnis. Insbesondere begleitete sie die Werkstätten von Wendt & Kühn von Anfang an, regte den Slogan „Spiel- und Tändelkram und feine Holzwaren" an und entwarf 1919 das bis heute verwendete Firmensignet mit der wettergezeichneten Tanne und den Insignien W. u. K. (Abb. S. 52 und 54). Margarete Kühns Sohn, der Holzbildhauer Hermann Lohrisch (* 1922) war ihr Patenkind.

Ihre Schülerin Margarete Wendt hat „schon in früher Jugend gern in den Werkstätten des Elternhauses und in den Stuben der benachbarten Spielzeugmacher gebaut und gebastelt. Der Vater erkannte diese Neigung seiner Tochter gar bald und vertiefte durch seine Unterweisung und seine Führung ihre Freude an der praktischen Arbeit und ihr technisches Verständnis und weckte durch seinen ersten Zeichenunterricht ihren Sinn für Farbe und Form und erfindungsreiche Gestaltung." So hieß es in der zu ihrem 60. Geburtstag am 24. Februar 1947 auf der Schreibmaschine erstellten „Jugendzeitung für die Jugendgruppe im Engelhaus".

1906 kam Grete Wendt nach Dresden ins Atelier von Professor Erich Kleinhempel (1874–1947), der mit seinen Geschwistern Fritz (1860–1910) und Gertrud (1875–1948) eine kunstgewerbliche Privatschule betrieb. Von 1907 bis 1910 studierte sie an der Königlich-Sächsischen Kunstgewerbe-Schule in Dresden, die im Rahmen der Kunstgewerbebewegung 1875 gegründet worden war.

Eine hübsche, die junge Grete Wendt charakterisierende Geschichte ist aus dem Jahre 1907 überliefert: Der „Verein für sächsische Volkskunde" beging in der Schule, an der sie studierte, sein zehnjähriges Bestehen. Die „Größen" des Vereins – Professoren, Hoträte, Ministerialräte, Oberbauräte, Oberregierungsräte, ein Generalmajor – lobten den Verein und sich gegenseitig in feierlichen Reden, „den Frauen als Förderer und Mitarbeiter" – so ein Zeitungsbericht – wurde eine eigene Ansprache gewidmet. Der Berichterstatter fährt fort: „Eine sehr anmutige Unterbrechung dieser mit Geist und Humor gewürzten Reden bot Frl. Wendt aus Grünhainichen, die in reizender erzgebirgischer Tracht mit dem Tragkorb auf dem Rücken erschien und Herrn Generalmajor v. Friesen mit einer gemütvollen Ansprache ein paar Bergmannsleuchter und andere erzgebirgische Holzgeräte überreichte. Sie erntete stürmischen Beifall."

„Die Schule hatte das Ziel, Kunstzweige und Handwerk in der Ausbildung harmonisch zusammenzubringen, um damit geschmacksbildend direkt auf Gewerbe und Industrie einwirken zu können" (Stadtlexikon Dresden A-Z).

Ganz ähnliche Bestrebungen wie die Kunstgewerbe-Schule – auf das örtliche Handwerk und Gewerbe bezogen – verfolgten die Fachschulen in Grünhainichen und Seiffen.

Die Ideen der internationalen künstlerischen Reformbewegung jener Jahrzehnte waren es auch, die den in Zschopau im Erzgebirge geborenen gelernten Tischler Karl Schmidt (1873–1948) bewegten. Er hatte 1898 in Dresden eine „Bau-Möbelfabrik und Fabrik kunstgewerblicher Gegenstände" eröffnet, die rasch wuchs. Er verlegte sie 1910 in den neuen, von Richard Riemerschmid (1868–1957) entworfenen Fabrikkomplex nach Hellerau, das Schmidt gleichzeitig als Gartenstadt vor allem für seine Mitarbeiter gegründet hatte.

Dorthin holte Karl Schmidt im Jahre 1910 Margarete Wendt als Zeichnerin und Entwerferin für Kunstgewerbe, insbesondere für Möbel und Spielzeug. Schmidt hatte für seine Marke „Dresdner Spielzeug", für die er namhafte Künstler heranzog, bereits 1904 eine eigene Abteilung in seiner Heimatstadt Zschopau eingerichtet, sie allerdings 1909 an die Erzgebirgische Spielwarenfabrik Th. Heymann in Großolbersdorf in der Nähe von Zschopau verkauft, die sie in seinem Sinne weiterführte.

Schmidt war schon während ihrer Studienzeit – vermutlich durch Vermittlung der Professorin Margarete Junge – auf Grete Wendt aufmerksam geworden. Er beauftragte sie mit der Gestaltung einer Weihnachtskrippe, die in Großolbersdorf hergestellt werden sollte. Sie ist nicht erhalten. Vermutlich war sie für die Weihnachtsausstellung 1911 im Chemnitzer König-Albert-Museum vorgesehen.

Karl Schmidt war es, der Grete Wendt empfahl, nach München zu gehen, wohl um ihre künstlerische Entwicklung zu fördern. Dort war sie im Künstlerausschuss der für 1912 vorgesehenen Bayerischen Gewerbeschau tätig. Im Archiv der Firma Wendt & Kühn findet sich ein Bericht des reisefreudigen Vaters Albert Wendt, der diese Ausstellung besuchte und von Aufträgen berichtet, die seine Tochter dort erhalten hat.

Grete Wendt entwarf in ihrer Münchner Zeit eine gedrechselte und bemalte Engelfigur mit

Die erste von Grete Wendt – noch vor der Firmengründung – geschaffene Engelfigur (Engel Nr. 25) auf dem Engelleuchter (Abbildung aus dem ersten Katalog der Firma Wendt & Kühn). Man sieht deutlich die zwölf weißen Sterne auf den Flügeln, aus denen bei den Elfpunkte-Engeln weiße Punkte wurden. Die Engel haben noch steife Arme. Der Leuchter wurde in einer kleineren Version mit 12 und in einer größeren mit 18 Engeln angeboten, mit den Katalognummern 1 und 1a.

elf weißen Sternen auf den Flügeln für einen Ringleuchter. Engel und Leuchter dienten dem Drechslermeister Gerhard Heinz in Waal bei Buchloe als Muster (Abb. oben). Diese Firma spielte übrigens für ihren Neffen Hans Wendt (1930–2008) eine wichtige Rolle: er absolvierte dort 1946 bis 1948 seine Drechslerlehre.

Der Engel aber wurde sozusagen zum Leitengel der Firma. Seine Schöpferin entwarf nach diesem Muster „einen kindlichen Weihnachtsengel als Kerzenträger" (noch mit steifen, nicht schräg angesetzten Armen), „um ihn meinem Bruder Johannes zum ersten Kriegsweihnachten 1914 ins Feld zu schicken". Im ersten Katalog von Wendt & Kühn – 10 Jahre nach der Gründung der Firma – taucht die Figur unter der nüchternen Bezeichnung „Engel Nr. 28" im Angebot auf, mit gewinkelten schrägen Armen. „Der Formgebung dieses Engels legte ich wieder die schon früher er-

Die große Schwester der Elfpunkte-Engel: Der „Engel Nr. 28" aus dem ersten Katalog der Firma war einer ihrer ersten Erfolge und ist heute wieder in verschiedenen Größen und Farben lieferbar.

probte Art der Herstellung zu Grunde und erreichte damit bei klarer Form und einfacher Technik die erstrebte Kindlichkeit im Ausdruck" (Abb. oben).

Zu dieser Äußerung von Grete Wendt merkt die Schrift „Wendt & Kühn – 85 Jahre Grünhainichener Werkstätten" an: „Eine Art Credo des Schaffens und der Wendt'schen ‚Firmenphilosophie' – klare Form, Kindlichkeit im Ausdruck, von einfacher Technik bestimmte Herstellung".

Der 28er-Engel trug nach Ende des Ersten Weltkriegs wesentlich zum Erfolg der Firma bei, die am 1. Oktober 1915 als „Offene Handelsgesellschaft M. Wendt & M. Kühn" mit Sitz in Grünhainichen ins Handelsregister des Amtsgerichts im benachbarten Augustusburg eingetragen worden war.

Ein weiterer Erfolg der jungen Firma waren die Beerenkinder, der Pfeifenraucher mit dem Reff (in einigen Katalogen fälschlich als Raspel- oder Rastelbinder bezeichnet) und die Korbfrau, ebenfalls heute wieder im Lieferprogramm vorhanden (Abb. S. 49).

Die Beerenkinder hatte Grete Wendt 1913 für einen in Dresden ausgeschriebenen Wettbewerb entworfen. Im Firmenarchiv hat sich ein Aufruf der „Sächsischen Landesstelle für Kunstgewerbe Dresden" „für holzgeschnitzte und bemalte Krippen- und Weihnachtsfiguren" erhalten. Ob es einen weiteren Aufruf des „Landesvereins Sächsischer Heimatschutz" zur Gestaltung neuer Reiseandenken gegeben hat, lässt sich nicht mehr ermitteln, denn dessen Geschäftsstelle ging im Bombenangriff auf Dresden am 13./14. Februar 1945 unter. Jedenfalls erhielt die Figurengruppe „Beerenkinder" bei einem solchen Wettbewerb einen zweiten Preis und damit den ausgeschriebenen Produktionsauftrag.

Es gibt einen literarischen Beleg dafür, wie die alte Verbindung zu Hofrat Oskar Seyffert (1862–1940), dem „Vater" des Landesvereins und des Museums für Sächsische Volkskunst im Dresdner Jägerhof, über Jahrzehnte gepflegt wurde. Im Firmenarchiv befindet sich ein Gedicht, das Erhard Lenk verfasst hat (s. a. Kapitel Guter Freund „Hans Kunterbunt"). Offensichtlich begleitete es einige Wendt & Kühn-Engel, die für den – wohl 75. – Geburtstag des Hofrates als Geschenk bestimmt waren, und nimmt Bezug auf den „vor Jahren" geschaffenen „ersten Engel" (s. S. 50).

Ein früher Erfolg der jungen Firma und heute wieder im Angebot: die drei Beerenkinder, der Pfeifenraucher mit dem Reff (einer Rückentrage) und die Korbfrau.
Die Arme sind brettchenförmig gestaltet, nicht rund gedrechselt.

Glückauf, lieber Hofrat! Glückauf!! Glückauf!!

Eigentlich wollten wir *alle* erscheinen:
Die Weihnachtsmänner, die großen und kleinen,
die Buben auch mit den lauten Trompeten
und die Reiterlein auf den blanken Kometen,
die Mädchen alle mit Blumen und Zweigen,
das Engelvölkchen mit Pauken und Geigen
und Harfen und Lauten und leuchtenden Sternen
und die Menschenkinder mit den bunten Laternen,
die Räuchermänner, die ernsten Madonnen,
die lächelnden Monde und strahlenden Sonnen,
Schneeglöckchen, Enzian und Anemonen
und alle, die sonst noch im Engelhaus wohnen …
wir alle, um unsre Wünsche zu sagen.

Dann aber wollten wir's doch nicht recht wagen,
und so zogen denn aus dem Engelhaus
schließlich nur *wir* zum Jubelfest aus.

Engel, schwebend

Ich bin als der erste Engel vor Jahren –
Du weißt, wie still! – in die Fremde gefahren.
Du hast mir damals den Weg bereitet,
hast mich in Freundschaft und Liebe geleitet
und mich der großen geschäftigen Welt
gütig und freundlich vorgestellt
und damit mir und meinen Genossen
die Tore der Nähe und Ferne erschlossen …

Eigentlich wollten wir *alle* erscheinen …

Die Weihnachtsmänner, die großen und kleinen,
die Wichtel und Zwerge und alle die anderen:
sie freuten sich schon, zum Hofrat zu wandern.

Dann aber haben sie kurzerhand
uns als die Würdigsten abgesandt.

Wir sollen Dir einige Lieder singen
und sollen Dir Grüße und Wünsche bringen, –
innige Wünsche und Grüße zuhauf.

Hofrat Oskar Seyffert gehörte zu den frühen Förderern von Grete Wendt noch vor der Firmengründung. Er war eine so populäre Persönlichkeit, dass die Volkskünstlerin Auguste Müller (1847–1930) eine Figur nach ihm schuf. Sie ist in dem auf ihn zurückgehenden Museum für Sächsische Volkskunde zu sehen, ebenso wie eine Figur aus unseren Tagen von dem Männelmacher Christian Kott (*1930). Unser Foto: Oskar Seyffert blickt aus dem Eckfenster seiner Dresdner Wohnung auf sein Museum.

1915   DER MITGRÜNDERIN   1965
DER FIRMA WENDT UND KÜHN GRÜNHAINICHEN
GRETE WENDT
ZUM 50JÄHRIGEN GESCHÄFTSJUBILÄUM FÜR IHR
HERVORRAGENDES KÜNSTLERISCHES SCHAFFEN IN
TREUER VERBUNDENHEIT UND AUFRICHTIGEM DANKE
GEWIDMET VON DER GESAMTEN BELEGSCHAFT.

Rechte Seite:
*Die Schwägerinnen
Margarete und Olly Wendt
bei der Entwurfsarbeit*

*Grete Wendt auf dem Stand von
Wendt & Kühn zur Leipziger Messe,
Ende der 1930er-Jahre. Unten rechts:
Olly Wendt geb. Sommer beim
Bemalen von Engeln in von nordischer
und russischer Volkskunst beeinflusster
Manier*

*Entwürfe von Margarete Junge für das
Firmensignet von Wendt & Kühn
(s. a. S. 54)*

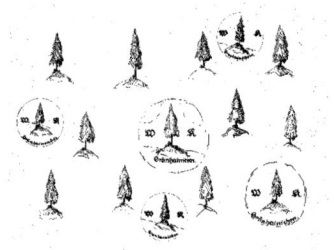

Grete Wendt brachte, wie die Beispiele zeigen, eine Reihe von Entwürfen, Ideen und Figuren in die Firma ein und widmete sich fast ausschließlich der Figurenbildnerei. Ihre Mitgründerin war die 1888 geborene Tochter Grete des Dresdner Architekten Ernst Kühn (1858–1943), in dessen Haus Grete Wendt während ihrer Studienjahre wohnte. In der gemeinsamen Firma befasste sich Grete Kühn hauptsächlich mit der Bemalung von Spanschachteln, Dosen und Truhen. In den Anfangsjahren war das Sortiment noch unbestimmt in seinen Konturen. Vor allem waren es ja auch nicht nur erfreuliche Anlässe und Aufträge, die beide Absolventinnen beschäftigten. Sie entwarfen zum Beispiel Grabmäler für Kriegsgefallene und Grete Wendt übernahm sogar den Innenausbau eines Militärgenesungsheims.

Die beiden jungen Firmengründerinnen hatten vereinbart, dass im Falle der Heirat einer der beiden Sozia diese aus der Firma auszuscheiden habe. Margarete Kühn heiratete im Jahre 1920 ihren Studienkollegen Arnold Lohrisch (1886–1964) und schied aus der Firma aus. Grete Lohrisch geb. Kühn verstarb 1977.

Grete Wendts jüngerer Bruder Johannes (1892–1945) war 1919 in die Firma eingetreten und hatte die kaufmännische Leitung übernommen. Als Gesellschafter wurde er handelsregisterlich am 2. Juni 1919 eingetragen. Die Firma lautete nun statt „M. Wendt & M. Kühn" nur noch „Wendt & Kühn". Im gleichen Jahr wurde der von Margarete Junge entworfene wettergezeichnete Nadelbaum mit den darunter liegenden Insignien als Signet zum Schutz angemeldet und 1920 amtlich eingetragen (Abb. links unten und S. 54).

Wiederum auf Empfehlung von Margarete Junge kam im Frühjahr 1920 eine junge Absolventin der Dresdner Kunstgewerbeschule nach Grünhainichen: Olly Sommer, 1896 in Riga geboren. Sie war dort zunächst im Atelier der Ma-

ab 1920

ab 1946

ab 1972

ab 1973

ab 1987

ab 1990

*Die Firmen-
signets von
1920 bis heute
(Erstentwurf:
Margarete
Junge)*

Grete Wendt (Bildmitte, stehend) in der „Malerei" von Wendt & Kühn

lerin Susa Walther (1874–1945) ausgebildet worden. „Olly Wendts malerisches Talent schöpfte
aus der Volkskultur des Nordens", urteilte Helmut Flade (1928–2003), Experte für das erzgebirgische Holzkunstgewerbe, und vermerkte, die
Entwürfe der beiden Künstlerinnen wären
schwer voneinander zu unterscheiden. Hier irrt
Flade: Jede hatte ihre eigene Handschrift. Dennoch ist das künstlerische Erscheinungsbild von
Wendt & Kühn ihr gemeinsames Werk. Später

heirateten Olly Sommer und Johannes Wendt.
Ihr Sohn Hans trat 1954 in die Firma ein und lei-
tete sie – auch nach ihrer Enteignung – bis zum
31. Dezember 2001. Sein Sohn Tobias Wendt
(★1965) ist seitdem geschäftsführender Gesellschafter und Leiter des Unternehmens. Damit
haben wir zeitlich weit vorgegriffen. Für die
Elfpunkte-Engel ist 1923 das entscheidende
Jahr. Die ersten drei Elfpunkte-Engel werden
ins Angebot aufgenommen.

Rechts im Bild: Der in den frühen Jahren
angeschaffte legendäre Musterschrank von
Wendt & Kühn heute

Hans Wendt mit Kunden aus den USA
vor dem geöffneten Musterschrank in
den 1990er-Jahren. Deutlich erkennbar
ist, dass die Glastüren zu der Zeit innen
eine textile Bespannung trugen.

Handwerkliches Können — geniale Ideen

Die Erfindung der Grünhainichener Engel

Geburt der Elfpunkte-Engel im Jahre 1923 · Der neue künstlerische Ansatz · Die Engel in der DDR · Die „erstrebte Kindlichkeit" · Die zahlreichen Nachahmungen · Der Preis „Tradition und Form" 2000 und 2005

1923 schlägt die Geburtsstunde der heute weltberühmten und weltweit verbreiteten Elfpunkte-Engel. Alles ist dazu vorbereitet. Die Firma ist wirtschaftlich fundiert und wird kaufmännisch professionell geleitet. Sie hat seit 1917 ein eigenes Gebäude: das alte Fachwerkhaus an der Chemnitzer Straße, Firmensitz bis heute. Ein zusätzliches Werkstattgebäude und der erste Firmenkatalog sind in Vorbereitung. Der Vertrieb steht auf festen Füßen, weil die Firma sich regelmäßig auf der maßgeblichen Leipziger Messe präsentiert, wo sie bereits 1916, ein Jahr nach der Gründung, mit einem Stand vertreten war. Und was das Wichtigste ist: Mit Grete und Olly Wendt gestalten zwei schöpferische Künstlerinnen, jede auf eigene Art ideenreich, die Produktion.

In Grünhainichen mit seiner bewährten Fachschule und den benachbarten Dörfern mit ihren Heimarbeitern und Holzhandwerkern stehen überdies genügend Fachkräfte für den wachsenden Betrieb zur Verfügung. Heute würde man sagen: Die Firma ist „optimal aufgestellt".

Zu diesem Zeitpunkt kommt es zu der entscheidenden Innovation: Die Elfpunkte-Engel werden geboren, genauer gesagt, die Engelmusikanten und die sie begleitenden Elfpunkte-Engel ohne Instrument. Sie sind in vielerlei Hinsicht etwas völlig Neues – für Grete Wendt,

Es lösten zwei Engel die Schleifen der Glieder
Und ließen mich frei aus dem irdischen Maß,
Es lieh mir der dritte sein eignes Gefieder,
Unendlich silbern aus Flaum und Glas.

(Ruth Schaumann)

für die Firma, ja für die gesamte Figurenwelt des Erzgebirges. Weshalb?

Da ist zunächst das Sujet: Musizierende Engel. Von den als Einzelfiguren gestalteten Schwebeengeln abgesehen, die oft Kerzenhalter, Blumensträuße oder Taufschalen tragen, gab es bisher – soweit sich das feststellen lässt – im Erzgebirge nur Leuchterengel, größer und aus der traditionellen Dockenform gearbeitet, mit Füßen oder ohne Füße, mit „Pritschel" (Brettchen) oder ohne Pritschel, die Arme gerade oder angewinkelt. Von diesen relativ großen Figuren in Dockenform geht Grete Wendt bei ihrer Neuschöpfung ganz ab. Sie wählt ein Miniaturformat und folgt damit der erzgebirgischen Neigung, Großes in Kleines zu verwandeln (oder Kleines in Großes, wie wir noch sehen werden).

Drei neue Engelfiguren zeigt der erste Firmenkatalog: einen mit Geige, einen mit Flöte und einen mit einer Fackel. Und alle drei schon mit grünen Flügeln und den elf weißen Punkten.

Diese Engel sind rund und pummelig, bewegt und lebendig. An den von einem kurzen Hemdchen (in der Tradition der Tunika) bedeckten gedrechselten Körper werden Arme und Beine, ebenfalls gedrechselt, individuell angefügt. Der geniale technische Trick – und das ist ganz neu – besteht darin, dass Arme und Beine jeweils aus zwei schräg angesägten Teilen bestehen, die schräg am Körper bzw. aneinander angesetzt werden. So sind die Engelchen in der Lage, ganz verschiedene Körperhaltungen anzunehmen sowie Instrumente oder andere Gegenstände zu halten. Dazu kommen einheitlich ein runder Kopf mit blonden oder brünetten Zöpfchen rechts und links sowie genormte Hände und Füße. Auf diese Weise gelingt es der Designerin, ganz verschiedene Ausdrucksweisen mit einer einheitlichen Anmutung zu verbinden, als handele es sich um eine unendliche

In Feinarbeit werden die Glieder der künftigen Engelarme zugeschnitten und später schräg aneinander gesetzt.

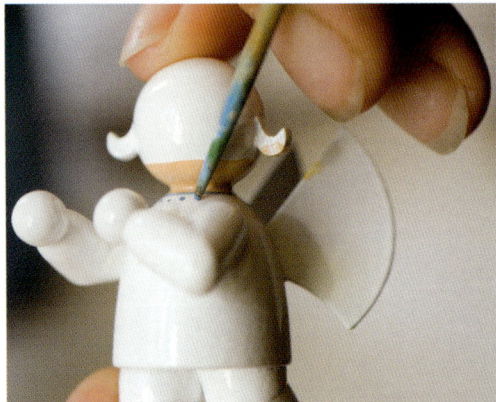

Mit äußerster Sorgfalt werden die weiß grundierten Engel einzeln von Hand bemalt. Hier sieht man, wie die kleinen Punkte am Halsausschnitt aufgetragen werden.

Zahl von zwillingshaften Geschwistern. Zu diesem Eindruck tragen die runden Köpfchen, die pausbäckigen Gesichter, die grünen Flügelchen mit den elf weißen Punkten und die gesamte Farbgebung bei.

In Dresden war in jenen Jahren bereits eine andere Engelkapelle entstanden. Die seit 1872 bestehende „Sächsische Porzellanfabrik von Carl Thieme" (späterer Zusatz „Inh. Carl Kuntzsch") brachte im Jahr 1915 eine Puttenkapelle aus Porzellan mit den Modellnummern 8953 bis 8964 heraus. Der Name des Modelleurs ist nicht im Modellbuch verzeichnet. Möglicherweise war es der von 1903 bis 1943 in der Manufaktur tätige Reinhold Braunschmidt, aber eine sichere Zuschreibung ist nicht möglich. Die Kapelle wurde anlässlich des Jubiläums „300 Jahre Europäisches Porzellan" wieder aufgelegt und ist lieferbar.

Ein merkwürdiges Zusammentreffen ist es, dass die Redaktion des Almanachs „Dresden –

Das Buch der Stadt" für das Jahr 1924 auf alte Kupferstiche mit musizierenden und tanzenden Engeln als Zierleisten für die jeweiligen Kapitelanfänge zurückgriff. Offensichtlich lag das Engelmotiv in jenen Jahren „in der Luft".

Kann es ein Zufall sein, dass einer der drei „Erstengel" eine Fackel trägt? Cupido, der antike Liebesgott (lateinisch auch Amor, griechisch Eros), ist „der Erste unter den Putti der profanen Welt" (Winfried Hansmann). Johann Heinrich Zedler (1706–1751), der in seinem „Großen vollständigen Universal-Lexikon" um 1733 das Wissen seiner Zeit zusammenfasste, merkt zu ihm an: „Und endlich wird ihm auch eine Fackel zugegeben, um die Entzündung der Liebe in denen Gemüthern derer Menschen zu bemercken."

Eroten und Putti treten teils nackt, teils bekleidet auf. Die Elfpunkte-Engel tragen die bekannte kurze Tunika, aber die Margariten-En-

Mit einem feinen Pinsel bekommt jeder Engel zweimal elf Punkte auf die grünen Flügel gesetzt

Ergänzt um ein liebevoll bemaltes Gesicht und mit einem Instrument erstrahlt der fertige Engel.

Der Vergleich der verschiedenen Figurengruppen zeigt, dass sie auf den gleichen Grundelementen beruhen. Die Vielfalt und Bewegung ergeben sich aus deren unterschiedlichem Verhältnis zueinander und dem reichhaltigen, phantasievoll gestaltetem „Zubehör" – von der Form der Engelsflügel über Instrumente und Präsente bis hin zur Skiausrüstung.

gel aus dem gleichen Hause hat es vor dem Zweiten Weltkrieg durchaus auch in unbekleideter Version gegeben (Abb. S. 113).

Und was hat es mit den grünen Flügeln auf sich? Hat sich das „so ergeben", wie Grete Wendt auf die Frage antwortete, wie es ausgerechnet zu dieser Farbe und zu den elf Punkten kam? Oder war ihr bewusst, dass in der Kunstgeschichte immer wieder Engel und Putten mit grünen Flügeln auftauchen? Beispiele sind die Leuchterengel des Veit Stoß in der Nürnberger St.-Lorenz-Kirche (Abb. S. 20) und die farblich changierenden Flügel der Engel auf dem Isenheimer Altar von Matthias Grünewald; aber auch ein Putto am Altar Johannes des Täufers in der ehemaligen Benediktinerabteikirche Zwiefalten, Engel am Gewölbefresko von Johann Jakob Zeiller (1708–1783) in der Nikolauskapelle der Benediktinerabteikirche Ottobeuren (um 1763), Engel in der Vision der hl. Luitgart von Tongern in der ehemaligen Zisterzienserabteikirche Fürstenfeld und der Amor auf Lorenzo Lottos (um 1480–1556) Gemälde „Venus und Amor" (Metropolitan Museum of Art, New York) tragen grüne oder grünliche Flügel.

Ob nun Grete Wendt bewusst an solche traditionellen Vorbilder anknüpfte oder intuitiv ältere Anschauungen aufgriff, bleibt ihr Geheimnis. Unbestritten ist, dass sie innerhalb des erzgebirgischen Holzgewerbes eine völlig neue Art von Serienproduktion schuf.

Helmut Flade beschrieb die innovative handwerklich-künstlerische Arbeitsweise in einem großen Aufsatz über „Grete Wendts Spiel- und Tändelkram": „Die gebrochene und verfremdete Drehform gab es in der Figurenbildnerei

Typisch erzgebirgisch: Kachelofen mit „Uf'nbank", Bauernmädchen und verschiedenen Katzen (am Bildrand Vögelchen mit Brief im Schnabel)

für das Spielzeug und für weihnachtliche Erzeugnisse wie Nussknacker, Bergmann und Engel bis 1913 nicht. Was jedoch auch bei Grete Wendts Figurenbildnerei erhalten blieb, war die Art und Weise der Herstellung: sämtliche Teile wurden an der Drechselbank mit der Hand gedrechselt.

Mit ihrer Figurenbildnerei vollzog Grete Wendt eine Verfremdung der Form: Die aus Holz gedrechselten, gesägten, gefrästen und feinfühlig geschliffenen Formen, die sich erst beim Zusammenfügen aller Teile zu einer figür-

lichen Komposition wandelten und eingehüllt waren in eine feinsinnige malerische Auszier, hatten jedwede Beziehung zu ihrer axialen Symmetrie verloren.

Grete Wendt war in Europa die erste Künstlerin, die das Dresdener Werkstättengedankengut auf Erzeugnisse übertrug, die bislang als hausgewerblicher ‚Tand' eine nur kurzlebige Funktion zu erfüllen hatten. Ihren Gebilden gab sie eine kindhaft-dekorative Eigenständigkeit und bezog ihre formalen und malerischen Mittel aus der Stilkunst ihrer Zeit, vermischt

mit den Stimmungswerten alter Bauernmalerei."

Mit dem Begriff „Dresdner Werkstättengedankengut" bezog sich Flade auf die frühe Verbindung Wendts zu den Deutschen Werkstätten Karl Schmidts und auf die Reformideen des Deutschen Werkbundes, die eine ihrer Ausformungen im Projekt der Gartenstadt Dresden-Hellerau fanden. Mit aller Vorsicht, die bei solchen Klassifizierungen geboten ist, lässt sich sagen, dass Architektur und Kunsthandwerk in Hellerau mit geprägt waren vom Jugendstil, und auch das Lebenswerk von Grete Wendt ist von diesem „Wallfahrtsort der Jugendstilära" beeinflusst.

Doch zurück zu Flades Aufsatz, der im Heft 6/1986 der „Sächsischen Heimatblätter" zu einer Zeit erschien, als die ideologischen Grenzen in der DDR aufzuweichen begannen. Nur unter großen Mühen war es Grete Wendts Neffen Hans Wendt gelungen, das Erbe der Firmengründerin, ihre Qualitätsmaßstäbe und die Marke „W. u. K." gegen alle Bestrebungen zur Nivellierung und Verallgemeinerung im nunmehr volkseigenen Betrieb „VEB Werk-Kunst Grünhainichen" zu bewahren.

Den amtlichen Stellen der DDR ging es nicht nur darum, die Identitäten der ehemals privaten Firmen auszulöschen. Ihre Bestrebungen sind auch auf dem Hintergrund eines Vorbehaltes zu sehen, den der Volkskundler Adolf Spamer (1883–1953) in einem 1943 zuerst und 1954 posthum in zweiter, neubearbeiteter Auflage erschienenen Buch so formuliert hatte: „Die kleinen, ein wenig ironisierenden Schleiflackengel der Grete Wendt mögen mit Recht als reizvoll gelten und ihren Weltruf verdienen, aber sie haben mit erzgebirgischer Volkskunst ebenso wenig zu tun, wie andere kunstgewerbliche Kredenznettigkeiten …" Dieses Verdikt eines namhaften Wissenschaftlers nahm man zu DDR-Zeiten allzu gern auf, um die ungeliebte und nicht ins Konzept passende Engelproduktion möglichst einzudämmen – musste sie allerdings widerwillig als einen wichtigen Devisenbringer weiter tolerieren.

Spamer hatte seine Kritik noch weiter ausgedehnt, indem er feststellte: „ … und selbst die mit feinstem Form- und Materialgefühl leicht zurechtgebogenen Kopien alten erzgebirgischen Spielzeugs durch die Seiffener Fachschule sind liebhaberische Vitrinenkunst, keine dem Leben des Volkes einbezogenen bildnerischen Werte mehr."

Was sind „dem Leben des Volkes einbezogene bildnerische Werte"? Die große, weltweite Käufergemeinde ist seit nunmehr 85 Jahren ein Beleg dafür, wie viele Menschen die Erzeugnisse aus Grünhainichen als „Dinge zum Liebhaben" (Flade) kaufen, schätzen, sammeln und verschenken. Die internationale Beliebtheit und Verbreitung der Grünhainichener Himmelsboten belegt u. a. ein Weihnachtsgruß des großen New Yorker Kauf- und Warenhauses Macy's aus dem Jahr 1949 (Abb. rechts), also aus der Zeit unmittelbar nach dem Zweiten Weltkrieg, als es um Deutschlands Ruf weltweit schlecht stand.

Unser kleiner Streifzug durch die Geschichte der Engeldarstellung in der Kunst hat gezeigt, dass Engel einerseits als wehrhafte Jünglinge, von Spätgotik und Renaissance an aber – vielleicht durch die Nähe der Verkündigungsengel

Zwillingspaar

himmlisches Wesen, einen Retter und Beschirmer, überhaupt einen Schutzgeist. Er steht am Throne Gottes, und seine Wohnung ist das Licht. Was ist die finstere Grotte hier? Sie ist, nach dem kindlichen Glauben des Pilgers, das Symbol der Erde oder der Menschenwelt, darein ein Himmelsstrahl gefallen ist. Aber nicht in der schauerlichen Nacht der Katakomben, sondern in ätherischen Regionen sucht der Gedanke des Wallfahrers den Genius selbst mitten in dieser Höhle, und nur ein erfreuendes Bild von Schönheit und Anmut tritt ihm entgegen, welchem keine Vorstellung des Hässlichen, der Marterqual und des Todes beigemischt ist."

Helmut Flade merkt in seinem bereits zitierten Aufsatz zu Grete Wendts Spiel- und Tändelkram an, dass sich „im Kinderspielzeug und der Weihnachtskunst … das Sinnlich-Dekorative in angemessener Weise auslebt, in der letzteren Gruppe jedoch eingebettet ist in den Zauber der Fantasie und ungestillter Sehnsüchte." Zu diesen „ungestillten Sehnsüchten" gehört zweifellos das in allen Lebewesen, auch dem Menschen, angelegte „Kindchen-Schema", wie es die Verhaltensbiologie kennt. Damit wird eine Reihe von Schlüsselreizen bezeichnet, die den Mechanismus für Brutpflege auslösen. Kennzeichen sind „z. B. große Augen, volle Wangen, rundliche Körperformen und ein betonter Hirnschädel", wie Meyers Enzyklopädisches Lexikon formuliert.

„Auf den Gemütszustand ihrer Betrachter wirken Putti meist unwiderstehlich", hat Winfried Hansmann in seiner Studie „Putten" festgestellt, u. a. weil sie „viele der Kräfte dieser Welt verleiblichen" und „sich immerwährender

zum Jesuskind – als kind- oder knabenhafte Putten aufgefasst und verbildlicht worden sind. Der Kulturhistoriker und Essayist Ferdinand Gregorovius (1821–1891), u. a. Autor einer achtbändigen „Geschichte der Stadt Rom im Mittelalter", besuchte 1874 das dem Erzengel Michael gewidmete Heiligtum auf dem Berge Garganus am Golf von Neapel. „Der ganze in der Spätrenaissance geprägte Kultus", so stellte er fest, „trägt … den Charakter puppenhafter Kindlichkeit." Er empfand die Mysterien als „ein fantastisches Märchen … aber zur religiösen Identität erhoben."

Gregorovius fuhr fort: „Ich glaube, dass alle diese Pilger sich unter dem geflügelten Erzengel nichts anderes vorstellen als ein freundliches

Die Madonna im Laubengang, auf dem Engelberg thronend, mit zwei reich dekorierten, elegant geschwungenen Engeln zu Füßen, in dieser Ausführung 1937 in Paris mit einem Grand Prix und der Goldmedaille ausgezeichnet

Kindheit erfreuen". Er beruft sich dabei auf den Psychologen Carl Gustav Jung (1875–1961) und den Religionswissenschaftler Karl Kerényi (1897–1973), die zustimmend eine Anmerkung von Rudolf Glaeser zum Charakter der Putti zitieren: „Und so wächst ihre Bedeutung hinaus über das Dasein als harmlose Zier."

„Kinder ohne Alter" nennt Wilhelm Messerer seine Darstellung der Putten in der Kunst der Barockzeit. Er formuliert: „In der Gestalt des Engelsputto schließt die Schönheit mit der Rein-

heit, Demut, Heiterkeit und Einfalt einen Kreis." „Dolmetscher des Gefühls", schreibt Hansmann in seiner oben erwähnten Studie, „sind die Putti nicht zuletzt bei einer ihrer Lieblingstätigkeiten: wenn sie singen und musizieren."

Wir können alle diese Äußerungen getrost auf die Grünhainichener Engel übertragen und uns dabei auf eine Äußerung von Grete Wendt beziehen. Sigrid Wendt (★1930) hat im Jahr 1997 für das Firmenarchiv ein undatiertes handschriftliches Konzept von Grete Wendt zu ihrer

gestalterischen Arbeit in lesbare Form gebracht. Darin hat sie das Prinzip formuliert, nach dem sie bei der „Erfindung" der ersten drei als Weihnachtsgabe gedachten Elfpunkte-Engel im Herbst 1923 vorgegangen ist. Sie notierte: „Um diesen Engeln möglichst viel Kindlichkeit in Bewegung und Ausdruck zu geben, versuchte ich, alle Groteskheit und Starrheit zu überwinden, die bei einfacher Anwendung des Drehkörpers entsteht. Mit dieser Ausdrucksmöglichkeit gelang es mir, die erstrebte Kindlichkeit und

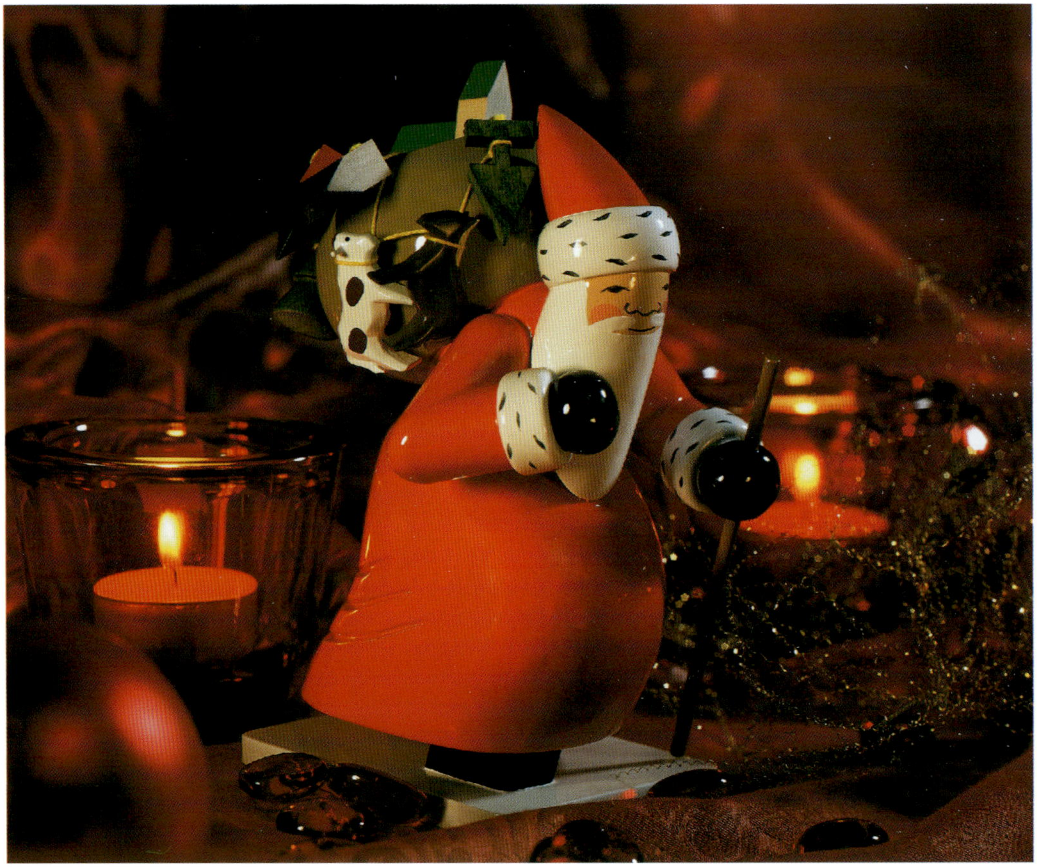

Vielseitigkeit in der Bewegung und im Ausdruck zu geben und dabei eine klare, selbstverständliche Herstellungsweise beizubehalten." Mit dieser Formulierung griff Grete Wendt Prinzipien auf, die sie bei der Gestaltung des Lichterengels befolgt hatte, den sie ihrem Bruder 1914 ins Feld schickte (s. S. 47f.). Und sie fügte an: „In unsere Figuren ist eine Fülle von Ausdruck und Bewegung hineingelegt, die sie gänzlich abweichen lassen von den sonst üblichen, in starren Drehformen hergestellten Figuren."

„Menschen können auf eine Kombination von Körpermerkmalen, die für Kleinkinder typisch ist, mit positiver Gefühlstönung und betreuender Zuwendung reagieren", so ein Biologie-Lehrbuch. Ob nun Grete Wendt mit der von ihr laut eigener Aussage „erstrebten Kindlichkeit" diesen Reiz bewusst oder unbewusst anstrebte, sei dahingestellt. Zweifellos ist diese Gestaltungsform einer der Gründe für die bis heute anhaltende Anziehungskraft ihrer Kreationen, ihren als „zeitlos" empfundenen Stil.

Grete Wendt setzte sich in dem zitierten Konzept auch mit den zahlreichen Nachahmungen auseinander, mit denen der Markt überschwemmt worden war. Nüchtern konstatierte sie sinngemäß, dass Formen bedingt seien durch den technischen Vorgang, in dem sie entstehen. „Andere Herstellungsmethoden führen zu anderen Formen." Nachahmungen wirkten deshalb krampfhaft und unharmonisch, weil bei ihnen „der Wille zur Form und das Verständnis für die Technik sich feindlich gegenüberstehen." Auch der Nachahmer schade sich, denn er versäume, „die in seinem eigenen Wesen liegende Stärke zu entwickeln, die ihn zum Herrn seiner Arbeit macht."

Der „Verband Erzgebirgischer Kunsthandwerker und Spielzeughersteller e. V." hat im Rahmen seines Preises „Tradition und Form" im Jahre 2005 den Preis für „Hervorragende Traditionspflege" der Firma Wendt & Kühn für die Grünhainichener Engel verliehen und begründete das u. a. so: „Die Grünhainichener Engel mit elf weißen Punkten auf den grünen Flügeln sind nicht nur prägend für die 90-jährige

Diese drei sitzenden Margeritenengel sind eine Wiederauflage der Himmelsboten aus dem Jahre 1935 (mit Teller und Vogel, mit Strickzeug, mit Geschenken).

Geschichte der Wendt & Kühn KG, sondern auch für die Entwicklung der erzgebirgischen Volkskunst insgesamt. Fast alle heute im Erzgebirge gefertigten Musikantenengel gehen auf das erstmalig bei diesen Engeln angewandte Prinzip des Aufbrechens der axialen Geometrie durch Gehrungsschnitte zurück."

Grete Wendts Neffe Hans Wendt, der die Firma über 45 Jahre geführt hatte, wurde anlässlich seines 70. Geburtstages und des 85-jährigen Firmenjubiläums von dem erwähnten Verband bereits im Jahre 2000 mit einem Sonderpreis ausgezeichnet. „Die Pflege des Sortiments", so hieß es dazu, „welches von seiner Tante und seiner Mutter entwickelt wurde", sei als beispielhaft zu bezeichnen. „Kompromisslos", konstatierte der Verband, „setzt er sich für die Erhaltung der traditionellen Gestaltung und der handwerklichen Fertigung ein." Heute, nach seinem Tod und fast 10 Jahre später, gilt das ebenso für die Arbeit seines Sohnes Tobias Wendt.

Meisterliche Manufakturarbeit

Wie die Elfpunkte-Engel entstehen

Ein Besuch im „Engelhaus" zu Olly Wendts Zeiten · Die Produktion heute ·
Grete Wendts Konzept

Grete und Olly Wendt, wir haben es gesehen, waren Kunsthandwerkerinnen im besten Sinne des Wortes. Von technischen Verbesserungen und Verfeinerungen abgesehen, wird in der von ihnen geschaffenen Manufaktur noch immer handwerklich so produziert wie zu ihrer Zeit. Ein glücklicher Zufall ist es, dass ein auf die Adventszeit 1944 datierter Bericht in der Handschrift von Olly Wendt vorliegt, der uns aus der Sicht ihrer Kinder nach Grünhainichen und in die Werkstatt im „Engelhaus" führt. Er folgt nun im Wortlaut.

„Am Eingang zum erzgebirgischen Spielzeugland liegt unser Dörfchen Grünhainichen. Es zieht sich vom Flöhatal den steilen Berg em-

por bis zum Scheffelsberg und zu den Höhen des Wildensteins mit seinen vielen schmucken kleinen Fachwerkhäuschen, in denen gebastelt wird. Hier entstehen die bekannten Luffabäume, Gartenzäune, Pferdeställe, Puppenstuben und neuerdings werden auch Rehlein, Häschen und Puppen geschnitzt.

Uns ist natürlich unser Haus das liebste, schönste und märchenhafteste. Ein langgestrecktes, altes Fachwerkhaus, in dem all die vielen köstlichen Figuren entstanden sind – die pausbäckigen Engelmusikanten mit ihren kurzen Hemdchen, die spaßigen Gnome und Wichtelmännchen, die süßen kleinen Schwebeenglein, Spielzeugengel, bis hin zu den großen, bunten

Engel haben goldne Zungen,
Edlen Wuchs und zarte Flügel.

(Max Barthel)

69

Das alte Fachwerkhaus, mehrfach erweitert, ist seit 1917 Stammsitz der Manufaktur; ehemaliges Verleger- und Versandhaus der Firma Carl Weber, erbaut 1833, erstmalig erweitert 1844.

dekorativen und prächtigen Lichtengeln, den Bergmännern, Nussknackern, Pyramiden, den Blumenkindern, Käfern, Bienen, Monden, Sonne und Sternen, Märchenfiguren, Räuchermännchen, Spieldosen, Knäuelfrauen, den übermütigen Kometenreitern, den Helden unserer lieben Märchen und zuletzt den wunderschönen Spieldosen mit ihrem zarten Geklimper.

Über allem jedoch schweben und musizieren die Englein, deswegen heißt auch unser Haus kurzweg ‚Das Engelhaus'. So heißt es bei uns in Grünhainichen und weit über die Grenzen des Sachsenlandes hinaus, hinaus über Europa und die Meere.

Wir wollen doch einmal – jetzt in der vorweihnachtlichen Zeit, wo draußen schon der Schnee liegt und es so früh dunkel wird – durch unseren Betrieb gehen, durch diese echte Werkstatt des Weihnachtsmannes, und uns vom Weihnachtszauber, der hier herrscht, beglücken lassen.

Wir treten durch die schöne alte geschnitzte Haustür, über der in goldenen Buchstaben die Firma steht, ein. Hundert Jahr ist dieses Haus alt, erst war es ganz klein, dann durch rechts- und linksseitigen Anbau erweitert und ausgebaut, hat es allmählich das jetzige Gesicht erhalten. In diesem Hause entstanden die ersten Figuren. Mit den Jahren erwies es sich als zu klein und es entstand ein zweites Haus auf halber Höhe; nachdem auch dieses dem wachsenden Umfang des Betriebes nicht mehr genügte, befindet sich die gesamte Werkstatt auf dem Berge in einem schönen Neubau. Im alten Fachwerkhaus liegen noch das Kontor, der Versand, Musterzimmer und die Privatwohnungen.

Die Firma Wendt & Kühn war seit 1916 – also dem Jahr
nach Gründung der Firma – auf der Leipziger Messe vertreten. Margarete Wendt wurde 1966 für ihre 100. Teilnahme an der Mustermesse offiziell geehrt. Unsere Abbildung: Messestand in Leipzig (historische Aufnahme)

Grete Wendt am legendären Musterschrank, der
heute im Schauraum der Firma in Grünhainichen steht. Deutlich sichtbar: Die seinerzeitige
textile Bespannung der Glastüren

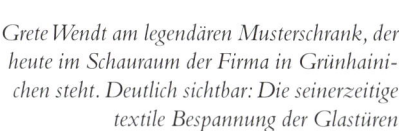

Ein Blick hinter die Kulissen: In der Holzwerkstatt werden die Rohlinge bearbeitet, am Sägetisch erhalten sie durch schräge Schnitte ihre charakteristischen Formen. (Bilder aus den 1930er-Jahren)

Wir gehen zuerst ins Musterzimmer und öffnen den riesengroßen dreiteiligen Glasschrank. Wir knipsen an und eine Lichtfülle im Inneren des Schrankes bestrahlt über 2000 verschiedene Figuren. Hier ist alles aufgebaut. Auf einer Himmelsstraße tummeln sich über 40 verschiedene Musikantenenglein, andere schweben darüber, wieder andere schaukeln sich im Monde, im Stern, reiten übermütig auf Kometen. Heinzelmännchen, kleine Wichtel und Weihnachtsmänner stehen in ihrem leuchtenden Rot zwischen grünen Tannenbäumen. Wir können uns nicht satt sehen. Nachdem wir sämtliche Spieldosen haben erklingen lassen, gehen wir durch den Garten den Berg hinauf zum Betrieb. Hier sehen wir schon von Weitem das sehr schön aufgeschichtete Holz, aus dem die kleinen Wunderdinge entstehen. Zuerst betreten wir den Maschinenraum, wo sämtliche Hobelmaschinen usw. stehen. Hier fliegen nur so die Späne und es riecht wunderbar nach Holz.

In der Dreherei kann man stundenlang stehen und zusehen, wie aus einem einfachen Stück Holz durch geschicktes Anlegen des Eisens all die Körper und Körperteilchen entstehen.

Wir betreten die Leimerei. Hier sitzen Frauen und Mädel und leimen mit geschickten Händen die einzelnen Teile aneinander und wir erleben das Entstehen der rohen Figuren.

Am schönsten ist es jedoch in der Malerei. Schon von Weitem hören wir den mehrstimmigen Gesang der erzgebirgischen Lieder aus der Malerei erklingen. Viele hübsche junge Mädel sitzen hier in weißen Kitteln unter der Aufsicht

des Meisters und geben den rohen Holzfiguren ihr buntes Kleid. Die bunten Farbnäpfchen begeistern uns Kinder am meisten und aus der Malstube trennen wir uns nur schwer. Wir gehen schweren Herzens hinaus, denn wir haben große Lust bekommen, hier mitzumachen.

Nun sehen wir uns noch den Versand an, wo die vielen Figuren fein säuberlich in Kartons gelegt, zu Paketen und in Kisten verpackt in alle Welt hinaus geschickt werden und vielen Menschen am Weihnachtsabend Freude bereiten."

Stellen wir diesem anschaulichen Bericht eine Beschreibung der heutigen Produktionsweise gegenüber, die – mit leichten Veränderungen – einer jüngeren Firmenbroschüre entnommen ist:

„Die Skizzen, Zeichnungen und Entwürfe von Grete und Olly Wendt sind über Jahrzehnte unverändert die Quelle aller Kollektionen der Firma Wendt & Kühn. Immer wieder fasziniert die Frische der Figuren, die Formen- und Themenvielfalt sowie die liebevolle Gestaltung selbst kleinster Details. Lassen Sie uns deshalb durch das Familienunternehmen – die Werkstätten Wendt & Kühn – streifen, immer auf den Spuren der Gründerin und am Beispiel ihrer Elf-punkte-Engel. Das Erste, was hier auffällt, sind deckenhohe Regale voller Holz. In den geräumigen Fächern liegen quadratisch geschnittene Kanteln aus Linde, Buche und Ahorn; warten sorgfältig gebündelte Rundhölzer und geheimnisvolle Profilstäbe auf ihre Verarbeitung. Noch gehört sehr viel Fantasie dazu, darin die Köpfe, Körper, Hemdchen, Arme, Beine und Instrumente der Engelchen vorauszuahnen und sich vorzustellen, wo die Flügelchen sitzen werden.

Kanteln und Rundhölzer warten auf ihre Verarbeitung. Aus ihnen entstehen die kleinen liebenswürdigen Wendt & Kühn-Figuren.

Das Grundieren: Vor dem Bemalen werden die montierten Figuren dreimal nacheinander komplett in weiße Farbe getaucht.

Auf dem Hintergrund der rohen Holz-figuren und -bäume wird deutlich, wie die kleinen Engel durch ihre sorgfältige, individuelle Bemalung ihre besondere Lebendigkeit gewinnen.

In der Dreherei hingegen wird es anschaulicher. Schließlich entstehen hier die meisten Einzelteile der Figuren. Wohl deshalb hatte Grete Wendt auch immer rotierendes Holz und funkelnde Drechseleisen vor Augen – scharfe Werkzeuge, die bis heute geschmeidige Formen aus hartem Holz schälen. Wie diese Herstellungsweise auf die Formengestaltung zurückwirkte, verdeutlichen die Ärmchen der Engel. Noch bei Grete Wendts Beerenkindern – wie sonst im Erzgebirge auch – wurden sie aus Holzbrettchen gefertigt. Diese Gliedmaßen wurden von ihr durch Drehteile ersetzt. In einem Stück gefertigt, werden die Arme anschließend schräg getrennt, der

gewünschten Armhaltung entsprechend angeordnet und dann miteinander verklebt.

Mittlerweile sind fast alle Einzelteile der Engelchen fertig, scharfe Kanten wurden sorgfältig gerundet und jede Fläche ist streichelglatt verschliffen. Fein säuberlich in Kisten und Kartons sortiert, liegen sie nun im Teilespeicher der Traditionsfirma.

Von behutsamen Händen sorgfältig zusammengefügt, nehmen die Engel langsam die Haltung an, zu der sie bestimmt sind: sitzend, stehend oder schwebend. Noch sieht der Betrachter jedes einzelne Teil der Figuren und erkennt damit ihre hölzerne Vergangenheit.

Um aber echte Wendt & Kühn-Geschöpfe daraus zu zaubern, werden sie jetzt in der Malstube beseelt. Kopfüber tauchen sie dazu in zart-cremigen Lack, werden mit einer kurzen Quirlbewegung von tropfender Farbe befreit und dann zum Trocknen aufgestellt. Drei Mal hintereinander genießen die Engel dieses Vollbad, um anschließend mit makellos weißer Haut zu glänzen.

Dann aber auf zu den Farbtöpfen! Arme, Beine und die gesondert angesetzten Hände und Füße werden hautfarben lackiert. Die Kleidchen erhalten blaue Abschlüsse am Hals und den Ärmeln, die Punkte am Halsanschnitt folgen, das Haar blond oder braun grundiert. Schließlich entsteht mit wenigen braunen und roten Tupfern das charakteristische Gesicht. Flügel und Instrumente, gesondert gefertigt und lackiert, werden zuallerletzt angefügt. Nun stehen oder sitzen oder schweben sie vor uns: mit Pauken und Trompeten und allen denkbaren Instrumenten, lebendig und kindlich, wie ihre Schöpferin sie sich gewünscht hat."

Lassen wir Grete Wendt selbst noch einmal mit ihrem Konzept zu Worte kommen, um das Besondere dieses Produktionsvorgangs zu erfassen: „Um solche Qualitätsarbeit leisten zu können, sehen wir davon ab, uns der Heimarbeit zu bedienen. Alle unsere Erzeugnisse werden in unseren Werkstätten hergestellt von Qualitätsarbeitern, die in unserem eigenen Betrieb herangebildet werden. Jede neue Form, jede Neugestaltung entsteht im eigenen Betrieb in engster gemeinsamer formschaffender Arbeit und technischer Ausführung."

1990 fasste Helmut Flade als Gutachter in einem gegen einen Nachahmer geführten Prozess die Merkmale der künstlerischen Handschrift von Margarete Wendt zusammen:

- „Figürliche Kompositionen aus rotationssymmetrischen Körpern mit besonderer Betonung des Kindlichen durch kugelige Kopf- und gedrungen-gliedrige Körperformen,
- Brechung der axialen Symmetrie rotationssymmetrischer Teile durch Gehrungsschnitte und winkliges Zusammenfügen der Teile
- Bildnerisches Nachformen rotationssymmetrischer Körper zur Erreichung der eigentümlichen Gestaltaussage
- Überfangendes Bemalen, das die Plastizität der Gestaltelemente in die Plastizität der Gesamtgestalt integriert."

Maßstäbe, vor über 85 Jahren gesetzt, die bis auf den heutigen Tag gelten, und zwar für alle Erzeugnisse des Hauses.

Schwebende Figur und himmlisches Gefährt: Elfpunkte-Engel mit Geige kommt auf geschweiftem Meteor daher

In vielen Familien werden die Grünhainicher Engel und andere Weihnachtsfiguren zum 1. Advent aufgestellt. Bis dahin ruhen sie in einer Schlummerkiste, wie sie im Sortiment von Wendt & Kühn zu finden ist.

„Ihr Kinderlein kommet . . .“

Von Spieldosen und Wanduhren

Spieldosen – die neue Idee · Kinderzimmeruhren

Wer im Advent ins Erzgebirge fährt, findet fast in jedem Ort an zentraler Stelle eine überdimensionale Weihnachtspyramide. Wer nach Grünhainichen kommt, dem fällt als Erstes im Ortskern eine ebensolche Spieldose auf, auf der sich der Weihnachtsmann und seine Begleiter im Kreis bewegen. Wenn der Frühling im Erzgebirge einzieht, wird sie durch ein Modell ersetzt, das der im Handel befindlichen Spieldose „Kinderreigen mit Baum“ nachempfunden ist. Von Wendt & Kühn errichtet, sind die beiden Spieldosen einerseits Ortssymbol, andererseits Hinweis auf einen wichtigen Geschäftszweig des Hauses.

Die Zahl der musizierenden Elfpunkte-Engel war in den 20er-Jahren stetig gestiegen. Ob ihre Schöpferin nicht manchmal bedauert haben mag, dass sie zwar – wie die Bildhauer im Barock – eine wunderbare „stille Musik“ schaffen, aber die Instrumente der Miniaturengel nicht zum Klingen bringen konnte? War das der Impuls für die geniale Idee, die um 1930 bei Wendt & Kühn umgesetzt wurde: Spieldosen, bis dahin im Erzgebirge nicht gebräuchlich, mit den Kreationen des Hauses, darunter Elfpunkte-Engeln, zu bestücken und zu bekannten Volks- und Weihnachtsliedern kreisen zu lassen? Die Uhrwerke kamen von Anfang an aus der Schweiz, der Heimat der Spieldosen.

Der zweite Firmenkatalog von 1930 wies bereits ein größeres Angebot von Spieldosen aus.

De Spieldus spielt e traulich Lied,
un iech sitz do un summ wing miet,
un iech tu miech besinne
un denk an meine Kinnergahr,
wie's domols ze Weihnachten war,
un dos, dos gieht nooch inne.

(Manfred Pollmer)

Wie im Ortskern von Grünhainichen, so sind auch in der Figurenwelt Seiffen überdimensionale Spieldosen anzutreffen. Hier die mit sommerlichen Figuren (rechts)

Handdrehdosen erkennt man an der kleinen Kurbel, mit der sie in Gang gesetzt werden.

Wanduhr mit Posaunenengel, die einzige Uhr im heutigen Programm (rechts unten)

Eine Reihe davon hatten Handkurbeln, andere wurden mit einem Federaufzug in Gang gesetzt. Man erkennt sie an dem Schlüssel an ihrer Seite.

Im Firmenkatalog von 1937 finden sich 24 Modelle, darunter auch solche mit Handdrehwerk. Bestückt sind sie mit Engeln und anderen Figuren aus dem Sortiment. Heute sind etwa 15 Spieldosen im Programm, davon zwei mit Elfpunkte-Engeln. Statt des bisher üblichen 28-stimmigen haben sie 36-stimmige Musikwerke und erzeugen historisch getreue, nostalgische Klänge. Lieferant ist seit vielen Jahren die Firma Reuge in Sainte-Croix.

Der Katalog von 1930 enthält auch schon viele Variationen von Kinderzimmeruhren. Im Jahre 1937 sind es zehn verschiedene Modelle, im gegenwärtigen Angebot findet sich eine Wanduhr, gekrönt von einem Posaunenengel.

Mit den auch mit anderen Figuren bestückten Spieldosen und Wanduhren sind wir bei den „Geschwistern" der Elfpunkte-Engel angekommen, denen das übernächste Kapitel gewidmet ist. Vorher aber machen wir uns mit „Hans Kunterbunt", einem guten Freund des Hauses aus den 30er-Jahren des vorigen Jahrhunderts, vertraut.

Dem „Weihnachtszug" (links) ist die überdimensionale Spieldose nachgebildet, die im Winterhalbjahr in der Ortsmitte von Grünhainichen steht.

Ein beliebtes Motiv ist die Spieldose Weltkugel, über der musizierende Elfpunkte-Engel schweben. (rechts)

Guter Freund „Hans Kunterbunt"

Eine Kinderzeitschrift begeistert sich für die Grünhainichener Werkstatt

Wendt & Kühn-Figuren im Gedicht · „Hans Kunterbunt" als W&K-Figur

In den 30er-Jahren des vorigen Jahrhunderts entwickelte sich eine ungewöhnliche Freundschaft zwischen der Redaktion einer Kinderzeitschrift und der Grünhainichener Werkstatt von Wendt & Kühn. „Hans Kunterbunt" erschien von 1926 bis etwa 1941 im Verlag Edgar Herfurth in Leipzig als Beilage zu den „Leipziger Neuesten Nachrichten", aber auch im Einzelbezug. Die Redaktion versuchte, im beginnenden Dritten Reich die Balance zwischen einem Unterhaltungs-, Informations- und Bastelblatt für Kinder und der Werbung für die unter dem Druck von Partei und Staat kräftig anwachsenden Organisationen „Deutsches Jungvolk" und „Hitlerjugend" bzw. „Deutsche Jungmädel" und „Bund Deutscher Mädel" zu halten.

Die Sympathie und Freundschaft für Wendt & Kühn hebt sich deutlich von den Propagandabeiträgen ab, zumal viele von den Figuren in engem Bezug zum christlichen Weihnachtsfest stehen. Hans-Kunterbunt-Mitarbeiter Dr. Erhard Lenk widmete den Grünhainichener „Charakteren", wie man die typischen W&K-Erzeugnisse mit einem Begriff aus der Comic-Szene bezeichnen könnte, eine Reihe von flott und liebevoll gereimten Gedichten. Aus erhaltenen Briefen ist bekannt, dass er mit seiner Frau gern und wiederholt in Grünhainichen zu Besuch weilte.

Der lustige Hans Kunterbunt
Und die Elfpunkte-Engel,
Die schlossen einen Freundschaftsbund.
Froh flötet drum der Bengel!

(E. H.)

Originaltitel der Zeitschrift "Hans Kunterbunt" (Januar 1935)

Im Übrigen sind die Details der Geschichte des "Hans Kunterbunt" noch nicht erforscht. So ist im Hause Wendt & Kühn z. B. nicht zu ermitteln, welcher Grafiker die Titelfigur als Logo für den Leipziger Verlag schuf oder ob gar Grete Wendt das Logo entwarf. Jedenfalls gab es gegenseitige Einflüsse. Der eher eindimensionale "Hans Kunterbunt" auf den Titelblättern der ersten Jahre wurde in der 30er-Jahren von einer mehr plastisch wirkenden Form abgelöst (Abb. oben). Im Erzgebirge wird das Große gern ins Kleine verwandelt, aber – wie schon erwähnt – das Kleine auch ins Große. So ist es nicht verwunderlich, dass es den als Zeitschriftenlogo zunächst 8,7 x 4,6 cm, später 9,5 x 6,4 cm großen Hans Kunterbunt seit spätestens 1937 auch als Wendt & Kühn-Produkt gab, präzise gedrechselt und sorgfältig bemalt. Seit Ende 2001 ist diese "jugendstilige" Figur wieder im Programm, in der Größe von 34 cm Höhe und 60 cm Breite der gegrätschten Beine. Allerdings werden jährlich nur maximal 70 Stück gefertigt. Und getreu dem oben erwähnten erzgebirgischen Prinzip findet sich im Musterschrank eine kleine Ausführung vom Ausmaß 10,5 x 19,5 cm, die aber zurzeit nicht produziert wird.

Kinder können sich sogar als Hans Kunterbunt oder in der Kleidung einer anderen Wendt & Kühn-Figur fotografieren lassen. Die Fotoecke bietet eine besondere Kulisse für Erinnerungsbilder. Sie wird an den sogenannten Schautagen bei Wendt & Kühn extra eingerichtet.

Gedichte von Erhard Lenk zu Figuren von Wendt & Kühn aus der Kinderzeitschrift „Hans Kunterbunt"

Freue dich, o Christenheit

Tausend Engel musizieren:
O du schöne Weihnachtszeit!
Tausend Engel jubilieren:
Freue dich, o Christenheit!

Tausend Engelkinder beten:
Herzeliebes Jesulein!
Tausend blasen und trompeten:
Du sollst unser Heiland sein!

Tausend Mandolinen singen:
Lob sei Gott im höchsten Thron!
Tausend goldne Harfen klingen:
Lob sei Jesu, seinem Sohn!

Tausend Engelchöre preisen
hell die gnadenreiche Zeit,
Und es jauchzt in tausend Weisen:
Freue dich, o Christenheit!

(Oktober 1933)

Eine erzgebirgiche Besonderheit sind auf dem Tisch aufgestellte Adventsringe, die mit Tannengrün kombibiert werden können. Bei Wendt & Kühn gibt es einen solchen Ring mit musizierenden Engeln sowie Tüllen für die Kerzen, sogenannten Lichtnäpfen.

Kleine Engelmusikanten und noch andre Gratulanten aus dem Spielzeugland Sachsen

Ein Surren und Gurren,
Ein Schurren und Schnurren,
ein Klirren und Sirren,
ein Wirren und Schwirren,
ein Glanz und Geflimmer
vor Kunterbunts Zimmer;
ein Tuscheln und Rufen
auf Gängen und Stufen,
ein Schwingen und Klingen,
ein Pfeifen und Singen,
ein Schwatzen und Lachen,
ein Dröhnen und Krachen,

ein Trippeln und Trappeln,
ein Zippeln und Zappeln,
ein Kommen und Gehen,
ein Hasten und Stehen,
ein Flöten und Geigen,
ein Schweben und Steigen,
ein Duften und Blinken,
ein Grüßen und Winken,
ein Läuten und Bimmeln
von Monden und Sternen
und bunten Laternen,
von lachenden Sonnen

Weihnachtsengel mit Baum und Korb

Ein wenig tapsig kommt der Marienkäfer daher

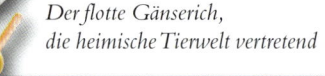

Der flotte Gänserich, die heimische Tierwelt vertretend

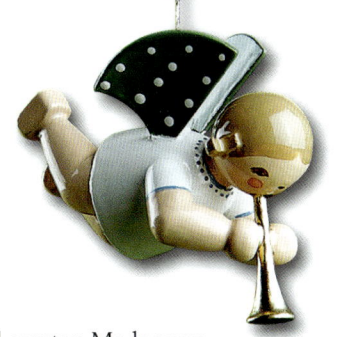

Vom Himmel hoch:
Schwebender Elfpunkte-Engel

Ein kluger Rabe mit Schirm,
Buch und Brille

und ernsten Madonnen,
von Kindern mit Basen
und Blumen und Hasen,
mit Kränzen und Ringen
und ähnlichen Dingen,
von Mägdlein mit Zweigen,
von Englein mit Geigen
und lauten Trompeten
und blanken Kometen
und Schäflein und Herzen
und Glöcklein und Kerzen.
Ein Tänzeln und Gaukeln,
ein Springen und Schaukeln,
ein Auf und ein Nieder,
ein Hin und ein Wieder
von flinken Gazellen,
beschwingten Libellen,
von Störchen und Tauben,
von Bübchen mit Trauben
und Ranzen und Tüten
und schnurrigen Hüten,
von watschelnden Enten
und kleinen Studenten …
Inmitten der Menge
in drangvoller Enge

stehn Lothar und Ännchen
und rauchende Männchen
und schließlich – am Ende –
die brave Kurrende
samt Wichteln und Zwergen
aus heimischen Bergen …
Ein Surren und Gurren,
ein Schurren und Schnurren,
ein Klirren und Sirren,
ein Wirren und Schwirren,
ein Glanz und Geflimmer
vor Kunterbunts Zimmer …
Auf einmal – ein Schweigen:
zehn himmlische Geigen
erklingen und schwingen;
zehn Engelein singen;
zehn Sternlein erglühen;
zehn Blümlein erblühen;
zehn Käferlein brummen;
zehn Hummelchen summen;
zehn Kinder spazieren
zum Haus … gratulieren …
und alle jubeln: Glück auf!

(Januar 1935)

Deutschlands Süden repräsentierend:
Junge mit Weintrauben

Bayernjunge,
Jahresfigur 2008, eine
Replik der Figur aus
dem Jahre 1937
(s. auch S. 104)

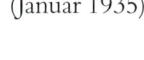

Störche können nicht nur
auf einem Bein stehen
(Storch, klein, auf zwei Beinen)

Zwei Vögelchen, als
wären sie lebendig.
Im Ergebirge hielt
man sich schon im-
mer gern Singvögel

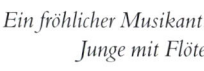

Ein fröhlicher Musikant:
Junge mit Flöte

Wie die Lampionengel ins sächsische Erzgebirge kamen

Vater Mond mit Mondkindern (unten), eine beliebte Figurengruppe, erschaffen von Olly Wendt

Sechs kleine Engelhemdenmätze
sind Petrus neulich ausgerückt.
Sie haben, wenn ich richtig schätze,
sich nachts voll Heimlichkeit gedrückt.

Punkt zwölf Uhr sind sie losgezogen,
(„Leb' wohl, du weiches Wolkenbett!")
sind teils gewandert, teils geflogen,
teils auch gerutscht. Und das war nett.

Der Mond – (ihr wisst, er hält zu ihnen!) –
schlief auswärts. – Wie? Ihr staunt und lacht? –
Er hatte wochenlang geschienen
und endlich einmal freie Nacht.

Er wusste, was der Sechsbund plante,
und hatte sich schon sehr gesorgt,
weil ihm nicht eben Gutes schwante,
und jedem einen Stern geborgt:

Der Weg zur Erde ist oft dunkel.
Bei Neumond stets. Das ist bekannt.
Drum wurden aus dem Nachtgefunkel
sechs Sterne zu Lampions ernannt.

Die Kleinen sind gut angekommen.
Sie gingen artig Hand in Hand
und sangen hell durch eines frommen
Bildschnitzers Traum im Sachsenland.

Sein Mund ist stumm. Taub seine Ohren.
Mit einem Kinderlächeln sitzt
der Alte still und weltverloren
und träumt von seinem Traum. Und schnitzt.

(März 1933)

Auch diese Lampion- engel zählen zur Elfpunkte-Familie

Diese Weihnachtsboten – nach Entwürfen von Olly Wendt – sind als Margeritenengel bekannt

Beim lieben Nachbar Dingelfein …

Hört, Kinder, hört, und spitzt die Ohren:
beim lieben Nachbar Dingelfein
ward jüngst ein Zwillingspaar geboren –
ein Bübchen und ein Mägdelein.

Sie kamen von der Himmelswiese
in unsre winterweiße Welt
und hießen Hansemann und Lise.
(Das hatten Dingelfeins bestellt.)

Zwei kluge Kinderengel gaben
sie früh Punkt eins auf Erden ab –
zuerst das Mädchen, dann den Knaben –
und sagten: „Pärchen sind zwar knapp;

doch weil Sie schon so lange warten,
ließ Meister Storch, Frau Dingelfein,
uns in den kleinen Zwillingsgarten
der großen Kinderwiese ein.

Dieser Storch mit einer Reiterin aus der Elfpunkte-Serie trägt mit dem Schnabel ein Wickelkind, ein Mädchen, an der Farbe erkenntlich

Die Briefe allesamt, die lieben,
die Sie und Ihr Herr Ehemann
dem Meister Storch so freundlich schrieben,
sah auch Hochwürden Petrus an.

Er gab sie dem Johannismännchen,
dem alles Spielzeug untersteht –
(wie Püppchen, Klappern, Kreisel, Männchen
aus Blech und Holz, gestanzt, gedreht,) –,

und bat es, auch an Sie zu denken.
Uns war die bunte Last zu schwer;
drum schickt es morgen mit Geschenken
und Liedern Spielzeugengel her …

Dreiviertel zwei?! Wir müssen gehen!
Wir fliegen gleich querhimmelein …
Frau Dingelfein, auf Wiedersehen!
Gehabt Euch wohl, Herr Dingelfrein!"

(Dezember 1934)

Dieser Storch bringt einen Jungen, wie man an der Farbe ersehen kann.

Glückauf, Geburtstagskinder!

Zu Petrus spricht der liebe Gott:
„Heut ist zu gratulieren
Heinz, Ruth, Fritz, Jutta, Liselott …
Lasst Engel musizieren: -
Orchester vier, Kapelle acht,
verstärkt durch zwei Solisten! –
Und, wenn es keine Mühe macht,
füllt rasch noch ein paar Kisten
mit kunterbunter Schnitzerei
aus Sachsens Weihnachtsbergen,
mit glitzerblankem Allerlei:
mit Hasen, Enten, Zwergen,
mit Hampelmännern aller Art,
mit Häuschen, Wagen, Bäumen
und Wichteln mit und ohne Bart!

Und streut von unsern Träumen
die schönsten zur Geburtstagsnacht
den Kindern auf die Erde …
Und weckt sie morgen früh recht sacht!

Die sieben Schaukelpferde,
die Ernst sich wünschte, Kurt und Hans,
Fred, Lothar, Rudolf, Aennchen,
sind auch genehmigt. Und für Franz
ein Dutzend Heinzelmännchen.

Fragt, bitte, beim Geburtstagsmann
und seinen zwölf Gesellen
noch wegen neuer Wünsche an,
und lasst es mir bestellen,
wenn etwas auf dem Lager fehlt.

Nehmt ihr den Großen Wagen?
Habt ihr die Engel ausgewählt
zum Packen und zum Tragen?"

Der alte Petrus lacht und nickt:
„Sie schaffen schon und schanzen.
Fünf Kisten sind bereits verschickt.
Und tausend Engel tanzen
seit gestern früh als Lied und Lust,
als Hoffen und Verlangen
in der Geburtstagskinder Brust,
als Hoffen, Sehnen, Bangen …"

„Brav, Alter," spricht der liebe Gott,
„nun will ich meinen Segen
für Heinz, Ruth, Fritz, Fred, Liselott
noch zu den Gaben legen."

(Juni 1933)

*Gratulantenengel
mit zwei Leuchtern*

*Gratulantenengel
mit Kuchen*

*Margeritenengel,
sitzend, mit
Spielzeugkiste*

*Weihnachtsengel
mit Schlitten*

*Weihnachtsengel
mit Glocke und Laterne*

*Die Engel auf dieser Seite:
links mit geschweiften Flügeln,
rechts aus der Serie der
Margeritenengel*

Sankt Petrus zieht um

Gittigei, gittigum:
Sankt Petrus zieht um.
Die Englein, die kleinen,
mit heiligen Scheinen –
die helfen dabei.
Gittigum, gittigei!

Sie ordnen die Listen
und packen die Kisten,
verstauen die Schränke
und Tische und Bänke,
die Lampen und Bilder
und Leuchter und Schilder,
die Pfannen und Tiegel,
Kamm, Bürste und Spiegel
und dann noch die Seife,
auch Tobak und Pfeife,
Bett, Sofa und Stühle

und himmlische Pfühle
mit schneeigen Daunen,
vier große Posaunen,
zwei Großvatersessel,
Tee, Zucker und Kessel
samt Milchtopf und Schüssel.
Und goldene Schlüssel
zum himmlischen Tor.
Und singen im Chor:

Gittigei, gittigum,
Sankt Petrus zieht um.
Wir Englein, wir kleinen,
mit heiligen Scheinen –
wir helfen dabei.
Gittigum, gittigei!

(1935)

*Elfpunkte-Engel
mit Stern und Laterne*

*Dieser Umzugswagen mit Elfpunkte-Engeln regte
Erhard Lenk zu seinem Umzugsgedicht an*

Sechs Kinder warten auf St. Nikolaus

Lies, Fritz, Ruth, Hans, Lu und Klaus
warten auf Sankt Nikolaus
schon seit neunundneunzig Tagen,
um ihn gründlich auszufragen.

Wißt ihr, was sie wissen wollen?
Erstens mal: ob Weihnachtsstollen
früher wirklich Striezel hießen.
Zweitens: ob die Sterne sprießen,
oder wie sie sonst entstehen.
Drittens: ob es Engel sehen,
wenn auf Erden Kinder naschen.
Viertens: ob die Wolken Haschen,
Paarlauf und Verstecken spielen.
Fünftens: ob und wo die vielen
kleinen Engel Schule haben;
ob sie – sechstens – Gräben graben,
Wälle schaufeln, Burgen bauen;
ob sie – ferner – alle blauen
Himmelswände täglich streichen;
ob sie – achtens – in den weichen
Lämmerwölkchen mittags schlafen;
ob sie – neuntens – alle braven
Menschenkinder wirklich hüten;
ob sie – zehntens – jungen Blüten
Duft und Tau persönlich bringen;
ob sie – elftens – himmlisch singen;
ob sie einen Kopfsprung wagen;
ob sie sich beim Rechnen plagen;
ob sie fremde Sprachen lernen:
Engel-Englisch? Oder Sternen-
Zickezacke-Esperanto.
(Schnuzzli-puzzli, nig verstanto?)

*Der Weihnachtsmann
kommt mit einem Sack voll
erzgebirgischen Spielzeugs*

*Margeritenengel,
groß, mit Lamm
und Blume*

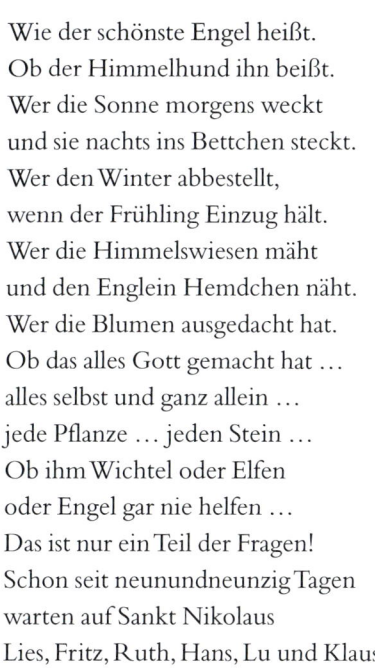

*Fleißige Handarbeiterin:
Margeritenengel, sitzend
mit Nadel und Faden*

Wie der schönste Engel heißt.
Ob der Himmelhund ihn beißt.
Wer die Sonne morgens weckt
und sie nachts ins Bettchen steckt.
Wer den Winter abbestellt,
wenn der Frühling Einzug hält.
Wer die Himmelswiesen mäht
und den Englein Hemdchen näht.
Wer die Blumen ausgedacht hat.
Ob das alles Gott gemacht hat …
alles selbst und ganz allein …
jede Pflanze … jeden Stein …
Ob ihm Wichtel oder Elfen
oder Engel gar nie helfen …
Das ist nur ein Teil der Fragen!
Schon seit neunundneunzig Tagen
warten auf Sankt Nikolaus
Lies, Fritz, Ruth, Hans, Lu und Klaus.

(Oktober 1933)

*Erzgebirgische Bergknappen
glaubten an „Wichtel" oder
„Guttel":Wichtelmännchen
mit Baum*

Mond-, Sternen- und Kometenreiterlein

Elfpunkte-Engel mit Fanfare auf geschweiftem Komet

Alljährlich, wenn das Christuskind
zur Fahrt auf unsre Erde rüstet
und alle Kinder fröhlich sind, –
alljährlich – sage ich – gelüstet
es einen Teil der Engelschaft
nach einem Ausflug auf die Erde,
und er betreut nur mangelhaft
des alten Mondes Sternenherde;
er bummelt durch das Weltenall
fernab der blauen Himmelswiese,
schielt neidvoll nach dem Erdenball,
nach Fritz, Ruth, Hans, Lu, Klaus und Liese
und trällert – in der Arbeitszeit! –
die allerschönsten Weihnachtslieder
und klettert voller Seligkeit
an Sternenstrahlen auf und nieder …

*Elfpunkte-Engel mit Waldhorn,
in einem zunehmenden Mond sitzend*

Im jüngst vergangnen Jahre nun
gefiel es ein paar Engeljungen
(sie hatten weiter nichts zu tun
und eben ein Quintett gesungen!),
wohl kaum bemerkt von Gott, dem Herrn,
auf kleine Monde sich zu setzen,
auch auf Kometen und den Abendstern,
und dort zu jubeln und zu schwätzen:
sie sangen hundert Melodein,
die sonst nur Menschenkinder singen,
sie geigten, bliesen auf Schalmein
und fingen schaukelnd an zu schwingen,
bald hin, bald her, mit frohem Scherz …
Da brach die goldne Sternenöse
vom Himmel ab und erdenwärts
fuhr Stern samt Büblein voll Getöse.
Kometen, Monde hinterdrein
und Reiter mit Schalmein und Geigen …

Ein Tannenriese fing sie ein
und hielt sie fest an seinen Zweigen.

Ein Schnitzersmann im Sachsenland
stieß auf die wundersamen Gäste.
Er trug sie heim mit leiser Hand
für seines Weihnachtsbäumchens Äste.

(Oktober 1933)

*Elfpunkte-Engel mit Trompete, in
einem Stern sitzend*

Kinderengel

Was die Kinderengel treiben,
wenn die Menschen nicht bestellen?
Nun: sie lesen und sie schreiben,
und sie singen froh mit hellen
himmlisch süßen Engelsstimmen
alte fromme Kinderlieder;
löschen Sterne, die verglimmen;
schauen auch zur Erde nieder;
und sie tanzen und sie lachen
mit dem Spielzeugengelvölkchen;
lernen ferner Betten machen
aus den weißen Federwölkchen;
klettern auf der Himmelsleiter;
schwimmen in den Wolkenmeeren;
schulen sich als Storchenreiter;
kraulen auch den großen Bären
und erfinden goldne Märchen.
Und im Himmelskindergarten
pflegen sie die Zwillingspärchen.

Margeritengel mit Buch

*Margeritenengel
mit Buch und Stift*

*Margeritenengel beim Bemalen
von Pfefferkuchen mit Zuckerfarbe*

Ihre Pflicht heißt: Kinder warten –
sie wie eine Mutter hegen;
heißt: sie kleiden (Röckchen sticken),
kämmen, pudern, trocken legen;
heißt auch: ihre Hemdchen sticken …

Wenn die Menschen dann bestellen,
fahren sie zur Erde nieder.

Mütter hören ihre hellen
himmlisch süßen frommen Lieder.

(Dezember 1934)

*Störche auf einem
oder zwei Beinen*

*Elfpunkte-Engel,
wie Kinder fröhlich wippend*

Bunte Welt aus dem Musterschrank

Die Geschwister der Elfpunkte-Engel

Musterschrank und Sortimentspolitik · Engel-Geschwister · Vom Knecht Ruprecht zum Weihnachtsmann · Kinderfiguren · Beerenkinder und Waldleute · Tierwelt · Märchenfiguren und Gratulanten · „Knauldamen" · Werbefiguren · Mondfamilie und Lippersdorfer Engel

Eine der ersten Anschaffungen der jungen Firma Wendt & Kühn war ein mächtiger Musterschrank, in dem viele von Grete und Olly Wendt geschaffene Modelle bis heute ihren Platz haben, auch solche, die nicht in Produktion gingen oder aber auf dem Markt ihre Rolle spielten, jedoch heute nicht mehr zum Sortiment gehören (Abb. S. 55 und 71).

Dieser Musterschrank nimmt im Ausstellungsraum im Erdgeschoss des Stammhauses die gesamte Rückwand ein. Die Beleuchtung springt an, wenn Besucher den Raum betreten. Überwältigend die Fülle fantasievoller und märchenhafter Schöpfungen der beiden Frauen, nach deren Ideen bis heute ausschließlich produziert

wird. Über 1000 Entwürfe sind von ihnen überliefert. Die Kollektion ihrer Werkstätten war bis 1933 schon auf 800 Figuren angewachsen. Heute sind rund 400 Artikel im Sortiment. Eine kluge Markenpolitik sorgt dafür, dass ein Teil der Figuren zeitlich begrenzt in den Handel kommt und sich das Sortiment auf diese Weise immer wieder verändert und erneuert, auch indem Figuren mit Accessoires aus anderen Bereichen der Kollektion bestückt werden.

Bleiben wir zunächst bei den Engel-Geschwistern. Der am Anfang der Firmengeschichte so bedeutsame 28er-Engel ist heute in verschiedenen Versionen lieferbar. Die „weißen" Engel haben 12, 14 oder 15 weiße Sterne

Chorsänger, dick und klein
mit Engelhemd und Sternchen,
auch Zwerge mit Laternchen,
die trippeln hinterdrein.

(Wolfram Böhme)

95

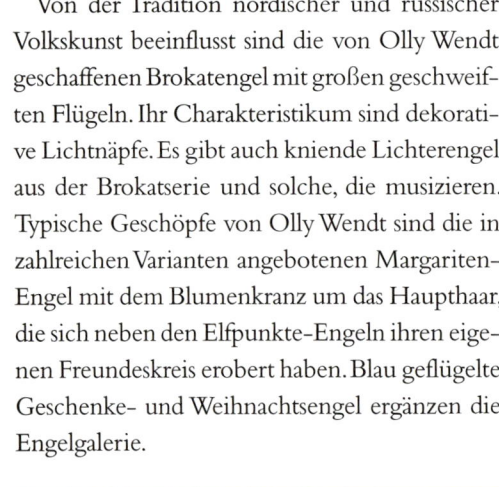

Dieser kleine Gratulant kam zum 85-jährigen Jubiläum der Elfpunkte-Engel ins Sortiment.

Der klassische 28er-Engel (s. S. 48) ist heute in weiß oder kariert jeweils in fünf verschiedenen Größen und mit 12, 14 oder 15 weißen Punkten auf den roten oder grünen Flügeln im Handel.

Die lichtertragenden Engel mit den geschweiften Flügeln wurden nach dem Zweiten Weltkrieg von Grete Wendt entworfen und waren ursprünglich von ihr weiß und rot angelegt. Sie wurden später von Grete Wendt wie hier abgebildet reich bemalt.

auf den grünen Flügeln. Die rot karierten Engel haben die entsprechende Punktzahl ebenfalls auf grünen, die blau karierten auf roten Flügeln. Alle drei Versionen gibt es jeweils in fünf Größen.

Von der Tradition nordischer und russischer Volkskunst beeinflusst sind die von Olly Wendt geschaffenen Brokatengel mit großen geschweiften Flügeln. Ihr Charakteristikum sind dekorative Lichtnäpfe. Es gibt auch kniende Lichterengel aus der Brokatserie und solche, die musizieren. Typische Geschöpfe von Olly Wendt sind die in zahlreichen Varianten angebotenen Margariten-Engel mit dem Blumenkranz um das Haupthaar, die sich neben den Elfpunkte-Engeln ihren eigenen Freundeskreis erobert haben. Blau geflügelte Geschenke- und Weihnachtsengel ergänzen die Engelgalerie.

Wo erzgebirgische Engel sind, darf auch der Weihnachtsmann nicht fehlen. Er erschien zum ersten Mal im Jahre 1930 im zweiten Katalog der Firma, noch unter der echt erzgebirgischen Bezeichnung „Knecht Ruprecht". Heute heißt die Figur wie bei anderen Herstellern „Weihnachtsmann", aus Exportgründen mit dem englischsprachigen Zusatz „Santa Claus".

An dieser Stelle verlassen wir die Welt der Engel und wenden uns ihren irdischen Geschwistern zu. Da die Produktionsweise – nämlich die Komposition aus vorgefertigten gedrehten Holzelementen – die gleiche ist, besteht eine unverkennbare Verwandtschaft untereinander und zur Engelwelt. Die Erntekinder – 2008 letztmalig im Angebot – führen den Reigen an. Ihnen folgen die Gärtnerkinder und die Musikantenkinder, die Frühlingskinder, die Osterkinder und die Schneekinder. Sie führen uns zu den Blu-

menkindern, die an Beliebtheit wohl den Elfpunkte-Engeln nicht nachstehen. Es gibt je eine
Sechser-Serie zu den Jahreszeiten Frühling,
Sommer und Herbst. Und für den Winter gibt es
zwei kleine Skiläufer. Sie sind schon seit den
30er-Jahren in gleicher Ausführung lieferbar.

Seit einigen Jahren sind die 1913 noch vor der
Firmengründung von Grete Wendt geschaffenen
drei „Beerenkinder" wieder im Programm, begleitet von dem später entstandenen pfeiferau-
chenden, sich auf einen Wanderstock stützenden
Mann mit dem typisch erzgebirgischen „Reff",
dem Tragegestell auf dem Rücken, sowie der
Frau mit der „Kiepe", dem Tragekorb, und den
mit Beeren gefüllten Gefäßen in der linken,
dem Stock in der rechten Hand. (Abb. S. 49)

Das Beispiel der Erntekinder zeigt,
wie die zunächst für die Elfpunkte-
Engel entwickelte Technik des Zusam-
mensetzens der Figuren und der einfachen, kräftigen Farbgebung auf andere Sujets übertragen worden ist, um
Greta Wendts Ziel, „die erstrebte
Kindlichkeit und Vielseitigkeit in der
Bewegung" zu erreichen (S. 66).

Frühlingsstimmung verbreitet diese
Spieldose mit den fröhlichen Wander-
kindern

Pfeiferauchender Händler mit Reff (Rückentrage) und Brettchenarmen, ein noch heute lieferbares Modell aus den ersten Jahren von Wendt & Kühn (übrigens in einigen Katalogen fälschlich als „Rastelbinder" bezeichnet)

Die Figuren werden auch heute noch in der ursprünglichen Form mit brettähnlichen Armen (nicht gedrechselt wie bei der übrigen Produktion) angeboten.

Die bunte Wendt'sche Tierwelt umfasst nur einheimische Tiere – Störche (darunter solche mit Elfpunkte-Engeln als Storchenreiter), Gänse, Kühe, kleine Vögel, Raben, Katzen und Mäuse sowie Hasen.

An Märchenfiguren gibt es den Däumling und den Rattenfänger von Hameln. Ihnen schließen sich ein Kinderzug mit acht Figuren und ein tanzendes Paar in typischer Wandervogelkleidung an. Weitere Paare bilden zwei Bäcker-, zwei Ge-

burtstags- und zwei Gratulantenkinder, ein entzückendes Mädchen mit Malbuch und fünf Handwerker, lieferbar aus einer siebenteiligen Serie, die Grete Wendt zum Wiederaufbau der sächsischen Landeshauptstadt Dresden nach dem Zweiten Weltkrieg schuf. Es schließen sich zehn große Geburtstagszahlen an, auf denen sich jeweils eine der uns vertrauten Figuren aus der Kollektion tummelt.

Heute zunächst nur noch in einer Fassung im Angebot, waren biedermeierlich gewandete „Knauldamen" im Jahre 1937 in 16 Varianten im Katalog. Die Reifrockfiguren dienten Strickerinnen zur stilvollen Aufbewahrung jener

Dieser Spielzeugmacher ist von historischen Figuren aus der Produktion von Wendt & Kühn umgeben.

Pickende Küken, lebensecht und liebenswert

Mädchen mit Malbuch – eine Figur, die deutlich zeigt, dass der Jugendstil eine der Wurzeln von Wendt & Kühn ist.

Auch Sagenfiguren wurden zum Wendt & Kühn-Motiv: Der Rattenfänger von Hameln mit Kindern, die ihm folgen

Linke Seite: unter dem biedermeierlichen Reifrock der „Knauldame" hat bequem ein Garnknäuel für die fleißige Handarbeiterin Platz.

Wie lebensnah Wendt & Kühn-Figuren gestaltet sind, wird besonders augenfällig, wenn man sie in eine natürliche Kulisse versetzt

Garnknäuel, die sie während ihrer Tätigkeit abrollen. Alljährlich soll jeweils eines der früheren Modelle wieder auf den Markt kommen.

Zum Erfolg des Hauses Wendt & Kühn trugen von den 20er-Jahren an Figuren bei, die in z. T. erheblichen Serien als Werbeträger oder Weihnachtsgeschenke für Firmen wie die Volksfürsorge Hamburg (Däumling mit Zipfelmütze und Siebenmeilenstiefeln), die Wanderer-Werke Chemnitz, die Krauss-Werke Schwarzenberg und andere exklusiv entworfen und angefertigt wurden. Gelegentlich kommen diese historischen Motive als zusätzliche, streng

limitierte Jahresfiguren ins Angebot, z. T. nur in den hauseigenen Läden.

Eine Kreation von Olly Wendt ist die bis heute beliebte Mondfamilie aus dem Jahre 1925.

Olly Wendt war es auch, die eine im Nachbarort Lippersdorf entstandene eigenwillige Engelfigur übernahm und phantasievoll bemalte. In kleiner Serie werden Lippersdorfer Engel alljährlich ausschließlich in den hauseigenen Läden in Grünhainichen und Seiffen verkauft. Diese Engel zieren auch in der Adventszeit die Fenster jenes alten Fachwerkhauses, das die Firma im Jahre 1915 erwarb.

Der Däumling (eigentlich Däumerling) in den Siebenmeilenstiefeln, die er dem Riesen abgenommen hat – ein zuerst von dem Franzosen Charles Perrault (1628–1703) aufgezeichnetes Märchen. Wendt & Kühn schuf den Däumling als Werbefigur für die Volksfürsorge, Hamburg.

Kindheitserinnerungen, Kriegserlebnisse und Sammlerglück

Aus der Postmappe des Hauses Wendt & Kühn

Einkaufen in Grünhainichen · Sammeln in dritter Generation ·
W & K-Engel als „Bückware" · Lebenslange Begleiter · Engel als Fahrgeld ·
Eine Engelkapelle geht mit in den Westen · Schutzengel im Luftkrieg ·
Aus dem Pappkoffer in die Vitrine · Engel als Tauschware · Getarnte Engel ·
Engel zu DDR-Zeiten · Engel in der Auflaufform · Als Malerin bei Wendt & Kühn ·
Die Engel wandern ins Fernsehen … und ins Kino · Prominente Sammler ·
Gedichte aus dem Firmenarchiv

Zum Erfolg der Firma Wendt & Kühn trug seit jeher und trägt noch heute die starke emotionale Bindung bei, die ihre Erzeugnisse hervorrufen. Besonders seit dem Erscheinen der Kundenzeitschrift „elfpunktepost", die seit Herbst 2005 zweimal jährlich herauskommt, sammeln sich in der Postmappe des Hauses Zuschriften von Käufern und Sammlern, in denen von bewegenden Erlebnissen mit den kleinen Figuren – für manche eine Art Schutzengel – berichtet wird.

„Ich bin stolz darauf", schreibt Dr. Rita K. aus Ostrau, „dass ich die Kapelle mit Orgel, Flügel und allen Instrumenten besitze. Ich habe sogar Grete Wendt gekannt, denn mein Onkel, der ein Kunstgewerbehaus in Plaue bei Flöha betrieb, nahm mich vor dem Krieg als 12-jähriges Kind im PKW zum Einkaufen nach Grünhainichen mit. Und meine Enkel fragen mich, wenn sie die Engelkapelle sehen: ‚Oma, haben wir auch so einen schönen Engel-Po?'" Die nette kleine Geschichte erinnert daran, dass der Volksmund die despektierliche Bezeichnung „Nacktarsch-

Engel, der uns leiten kann,
geh mit deinem Licht voran,
schütze uns in dunkler Zeit,
gib uns sicheres Geleit.
Kleine, hölzerne Figur,
Zeichen du für Gottes Spur,
leuchte uns mit hellem Schein
bis ins Himmelreich hinein.

(Wolfram Böhme)

Engelberg mit 21 Elfpunkte-Musikanten

Kachelofen als Spardose, mit Ziehharmonikaspieler auf der typisch erzgebirgischen „Uf'nbank", der der erzgebirgische Heimatsänger Anton Günther (1876–1937) ein eigenes Lied gewidmet hat

engel" erfunden hat, die sich auf die kurzen Hemdchen der liebenswerten Himmelsboten bezieht.

„Meine Mutter", schreibt Reinhard D. aus Ilmenau, „war als Direktionssekretärin in den Wanderer-Werken Chemnitz beschäftigt. Ihre Weihnachtsgratifikation, eine silberne Fünf-Reichsmark-Münze, erhielt sie jeweils in einer von Ihnen speziell für ‚Wanderer' angefertigten Figur: 1935 war es ein Engel, 1936 ein Weihnachtsmann, 1937 ein Spielzeugmacher als Räuchermann, 1938 ein Räuberhauptmann als Nussknacker. Daraus entstand die Leidenschaft, die blonden Elfpunkte-Engel, aber auch braun gelockte sowie Blumenkinder zu sammeln. Über 40 Engel auf einem Engelberg und die Wanderer-Figuren bilden heute eine liebe Erinnerung an meine 1914 in Borstendorf gebo-

rene Mutter. Mit meiner Tochter Birgit Döring, einer Glasbläserin, wird das Erbe des Bewahrens erzgebirgischer Tradition fortgeführt."

„Meine Liebe zu W & K-Figuren", schreibt Hanns B. aus Trebsen, „wurde schon in meinem Geburtsjahr 1939 geweckt, weil ich zur Geburt die Spardose ‚Junge am Ofen' und drei Engel geschenkt bekam. Und, o Wunder, meine Tante konnte zu DDR-Zeiten als Krankenschwester im Grenzsperrgebiet im Südharz in einer Drogerie W & K-Engel ‚unter dem Ladentisch' erwerben, die sie uns vermacht hat. Und 2004 habe ich eine von mir selbst gebastelte Pyramide mit W & K-Figuren bestückt."

„Ihre Jahresfiguren 2007/08, das Bayern-Pärchen", berichten Barbara und Werner Günther aus Oberstdorf, „besitzen wir in der Ausgabe von 1937. Meine Mutter, die Erzgebirgs-

sängerin Hildegard Eckhardt, in ihrer Jugend eine von den Tischer-Mahd, und ihr Mann Ernst besitzen eine W & K-Uhr, ebenfalls aus dem Jahr 1937, die sie noch immer begleitet. Es war das Hochzeitsgeschenk meines Vaters an seine Frau und hat 2007 die Gnadenhochzeit miterlebt".

„Nach dem Krieg", erinnert sich Hans M. aus Zschopau, „war ich Busfahrer auf der Linie

Eppendorf. Frau Grete Wendt fuhr oft mit mir und ab und zu bekam ich sogar ein Engelchen für die Sammlung, die meine Frau schon vor dem Krieg angelegt hatte."

So manche Engelkapelle wanderte mit nach Westdeutschland, wenn Familien während der Jahre der Teilung Deutschlands die DDR ver-

ließen. Studiendirektor a. D. Hellmuth O. schreibt: „Unsere Engelkapelle auf der großen blauen Treppe umfasst unterdessen über 60 Engel, alle blond. Und in jedem Jahr kommt ein Musiker dazu, zuletzt das Banjo. Die Liebe zu den kleinen Figuren habe ich noch von meinen Eltern übernommen, die bereits in den 20er-Jahren eine kleine Kapelle gesammelt hatten, die wir Kinder allerdings manchmal zu unsanft behandelt haben. Wir sind eine alte Dresdner Familie. Von der Bombennacht des 13. Februar 1945 wurden wir verschont, aber durch die sowjetische Besatzungsmacht aus unserem Haus vertrieben. Nach meiner Rückkehr aus der Kriegsgefangenschaft habe ich 1953 zusammen mit meiner späteren Frau begonnen, Engel von Wendt & Kühn zu sammeln. Sie waren damals, wenn auch bereits unter Schwierigkeiten, noch in Kunstgewerbegeschäften zu bekommen. 1959 flüchteten wir in die Bundesrepublik und landeten in Stade. Zu den ersten Anschaffungen gehörte die große blaue Treppe. Wir konnten sie bei Langhagen & Harnisch am Jungfernstieg in Hamburg erwerben, einer Firma, die mit Ihnen wohl von Anfang an verbunden war. Für uns ist die Adventszeit ohne unsere vielbewunderte Engelskapelle undenkbar."

Ebenfalls z. T. aus der Vorkriegszeit stammen die Engel aus dem Orchester von Barbara M. in Kirchheim/Teck. „Einer davon, der sitzende Gitarrenspieler, war 1943 schon mit mir im Luftschutzkeller, damals in Leipzig." Von einem ähnlichen Schutzengelerlebnis berichtet Christiane Sch., ebenfalls aus Leipzig. Sie ist eine Liebhaberin der Margaritenengel. Zu einer Feierlichkeit eingeladen, bei der jeder Gast ei-

Elfpunkte-Engel in Nahaufnahme: links mit Becken, oben mit Banjo und unten singend mit Liederbuch

Margeritenengel mit Stern

Engel aus verschiedenen Serien als Wiegengruppe

Die besondere Fertigungstechnik erlaubt es, Engel auch sitzend darzustellen.

nen liebgewordenen Gegenstand mitbringen und darüber reden sollte, ließ sie zwei Engel ihre Lebensgeschichte erzählen: „Ich, der kleine Engel mit dem gelben Weihnachtsstern und ganz viel Leim an meinem Engelhemdchen, kam ca. 1939/40 zu meiner damaligen Besitzerin in Leipzig und fühlte mich als kleinster dieser Art mit einem weiteren Geschwisterchen, welches einen Puppenwagen hatte, unter meinen größeren und älteren Geschwistern sehr wohl.

Jedes Jahr in der Adventszeit wurden wir aus unserem Sommerschlaf aufgeweckt und stan-

den dann auf der Kredenz in dem adventlich geschmückten Wohnzimmer. So war es auch im Dezember 1943. Ich weiß nicht, wie es passiert ist, aber eines Nachts, es war der 4. Dezember, wachte ich plötzlich in der Kostümtasche meiner Besitzerin im Luftschutzkeller in Leipzig-Lindenau auf. Die Tochter (knapp 7 Jahre alt) meiner Besitzerin hatte während des Luftangriffs auf Leipzig, wo auch in der Nähe ein paar Bomben fielen, tüchtige Angst und ihre Mutter versuchte immer wieder, sie zu beruhigen. Sie versprach dem Kind, dass sie bald wieder in ihr Bettchen kann, denn inzwischen hatte die Mutter gemerkt, dass ich, der kleine Engel, in ihrer Kostümtasche war. Obwohl ich versuchte, mich ganz klein zu machen, war es trotz größter Sorgfalt nicht zu vermeiden, dass meine Flügel abbrachen. So klein ich auch war, die Mutter meinte damals, ich hätte sicherlich alle, die im Luftschutzkeller saßen, beschützt."

Ganz konkret beim Aufbau einer neuen Existenz sollte die Engelkollektion helfen, die der Schwiegervater einer Sammlerin bei der Vertreibung aus dem Sudetenland mit nach Berleburg in Westfalen nahm. „Aber die Menschen hatten damals andere Sorgen, als Spielzeug zu kaufen." Also wurden die Figuren in einem Pappkoffer unter dem Bett verstaut. „Ich bat den Schwiegervater bei jedem Besuch, die Engel und Blumenkinder hervorzuholen, und bestaunte sie, bis er sie mir eines Tages schenkte. Sie bekamen einen Ehrenplatz in einer Vitrine", schrieb Loni B. aus Groß-Gerau, „und die Sammlung wächst noch immer! Welch ein Glück, dass sie sich in der schweren Zeit nach dem Krieg nicht verkaufen ließ!"

Nach der Teilung Deutschlands fanden Engel aus Grünhainichen fast nur über den offiziellen Außenhandel der DDR den Weg in die Bundesrepublik. „Wir bekamen unsere Engel", schreibt Wolf Dieter S. aus Nürnberg, „über Verbindungen meiner Mutter, die Lehrerin war, auf ‚verbotenen Wegen', u. a. im Tausch gegen Kosmetika."

In der Familie von Hildegard R. mussten zur Zeit der DDR drei kleine Engel sogar „getarnt werden", wie sie launig in einem Brief erzählt: „Es war 1947, als mein Vater als Bürgermeister in Mühlau, einem kleinen Dorf bei Chemnitz, eingesetzt wurde. Meine Mutter, die von allen im Dorf mit ‚Frau Bürgermeister' angesprochen wurde und davon überhaupt nichts hielt, bekam im gleichen Jahr von der Inhaberin eines kleinen Ladens, von Frau Männl, als kleines Willkommen im Ort drei kleine Weihnachtsengelchen geschenkt. Sie hatten grüne Flügel mit weißen Punkten. Wendt & Kühn? Damals wie auch Jahre danach kein Begriff für uns. Die Engel waren hübsch, das war's, weshalb meine Mutter ihr Herz daran hängte. Ein paar Jahre, etwa Anfang bis Mitte der Fünfziger, standen sie jedes Jahr neben einem alten Räuchermann auf dem Radio.

Aber dann wurden die Zeiten auf einem gewissen Gebiet wohl ‚etwas schärfer', und mein Vater bat meine Mutter, die Engel nicht mehr aufzustellen. ‚Wenn mal jemand kommt …', sagte er. Immerhin war er ja der Bürgermeister. Mutti machte kurzen Prozess, d. h. Flügel ab und fertig waren drei kleine Musikanten, die nun das ganze Jahr neben den Buchstütz-Eulen im Bücherschrank aufgestellt wurden und ge-

Margeritenengel, sitzend, mit Geschenken

Engel mit Trompete auf Schweif

Drei Beispiele für die Vielfältigkeit, die die Technik der Herstellung aus verschieden zusammengesetzten Grundelementen in Kombination mit phantasievoll gestalteten Accessoirs erlaubt

Margeritenengel, sitzend, mit Baum

Das Erzgebirge ist eine schneereiche Gegend, kein Wunder, dass Elfpunkte-Engel auch Ski und Schlitten fahren können

Engel auf Ski

Engel auf Schlitten, liegend

Engel auf Schlitten mit Muff

gen die selbst die ‚vom Bezirk' nichts einwenden konnten. Jahre später – Engel, wenn auch unter anderem Namen, waren wieder erlaubt – bekamen die Engelchen von meiner Mutter neue Flügel – aus weißer Pappe. Nicht originalgetreu? Uns war's egal, Hauptsache, es waren wieder drei kleine Weihnachtsengel."

„In meiner Kindheit", erzählt Inge J. aus Klingenthal, „gab es aus der Wendt & Kühn-Produktion bei mir zu Hause Elfpunkte-Engel, die ich ‚Hugo'-Engel nannte, denn sie waren (1943) ein Geschenk meines Onkels Hugo aus Freiberg, der sie mitten im Krieg dank besonderer Beziehungen erwerben konnte. Sie haben bis heute ihren Ehrenplatz, sobald sie am 1. Advent wieder ans Tageslicht dürfen. In den DDR-Jahren allerdings standen sie alljährlich im Betrieb auf meinem Schreibtisch, zur Freude all meiner Kolleginnen und zum Ärger des BGL-Vorsitzenden im

dann größeren Büro. Da es aber kein Gesetz gab, das das Vorhandensein von Engeln verbot, blieben sie bis zum Heiligabend stehen und durften aber dann Weihnachten in die heimatliche Wohnung…

In unserem einem Kombinat angeschlossenen Betrieb wurden u. a. Spieldosen für den Export hergestellt. Es wurden dafür sogar Elfpunkte-Engel aus dem VEB Werk-Kunst Grünhainichen angeliefert. Die Angehörigen unseres Betriebes, sprich jene, die beim Abteilungsleiter Chancen hatten, konnten eine Bescheinigung zum Kauf einer Spieldose bekommen. Dies war allerdings abhängig von besonderen Leistungen, wie Überstunden oder rechtzeitiger Abgabe von Zahlen, die er dringend benötigte. Für den Kauf des Grünhainichen-Modells war extra noch eine Sondergenehmigung erforderlich, und dann durfte man damit, aber erst wenn der Exportplan erfüllt war, in die Versandabteilung kommen und zum Endverbraucherpreis (auch damals schon ca. 200 Mark) dieses Glück möglichst heimlich und ohne Aufsehen im Karton heimtransportieren."

Auch lustige Geschichten knüpfen sich an die Engel aus Grünhainichen, solche, wie sie im benachbarten Eppendorf Anne L. nach einem Geschehnis in ihrem Bekanntenkreis aufgeschrieben hat: „Da gab es einen jungen Pfarrer, den hatte es nach Chemnitz verschlagen, er kam nicht aus dem Erzgebirge, aber die Engelleidenschaft hatte auch ihn ergriffen. Leute, die ihn mochten, wussten das und hatten so bei den verschiedensten Gelegenheiten einen Grund, ihm einen dieser kleinen, dicken Musikengel zu schenken.

Für viele ein besonders kostbares Stück ihrer Sammlung: Engel an der Orgel (mit oder ohne Musikwerk lieferbar); auch der Orgelprospekt ist — wie bei barocken sächsischen Orgeln oft anzutreffen — mit zwei musizierenden Engeln bestückt

Beruhigende Klänge zum Einschlafen für Kinder: Spieldose mit Wiegengruppe (Abb. S. 106)

Er selbst leistete sich einen fast unverzeihlichen Luxus, er kaufte sich den Traum aller Engelliebhaber, eine Orgel mit Spielwerk, davor sitzt als Organist einer dieser kleinen Engel.

Wie gesagt, der Pfarrer liebte diese kleinen Engel und diese wurden auch nicht, wie bei jedem echten Erzgebirger, nach Weihnachten weggepackt, sie durften im Glasschrank stehen bleiben und jeder, der zu einer Tasse Tee zum Pfarrer kam, konnte sie bewundern.

Nach einer Zeit zog der Pfarrer, aus welchen Gründen auch immer, zurück in seine Heimat nach Hessen. Im neuen Pfarrhaus stand bald wieder alles an Ort und Stelle, nur die Engel fehlten, alles Suchen half nichts, sie blieben verschwunden. Weihnachten ging vorüber, der Frühling kam, der Sommer – die Engel blieben verschwunden. Als dieser viel beschäftigte Pfarrer wirklich mal eine freie Stunde hatte und in seinem Garten lag, wanderten seine Gedanken wohl auch zu denen, die ihm diese kleinen, dicken Engel schenkten. Er sprang auf, langes Liegen war seine Sache sowieso nicht, lief auf seinen Boden, wo vom Umzug noch allerlei Kisten lagen, und bei glühender Hitze sah er noch einmal alle diese Kisten durch, aber die Engel blieben verschwunden. Nun brauchte er wirklich Trost, ganz irdischen, außerdem verspürte er Hunger, er dachte an einen schönen Nudelauflauf mit Schinken und Tomatensoße. Er lief in seine Küche, suchte nach seiner Auflaufform, die er seit seinem Umzug noch nicht benutzt hatte, fand sie, öffnete sie, und was lag in dieser Form, seine kleinen, dicken Engel mit den grünen Flügeln, den elf weißen Punkten und den Musikinstrumenten in den Händen. Da lagen sie, liebevoll verpackt von seiner Mutter und in die Auflaufform getan, damit den zerbrechlichen Dingern beim Umzug nichts geschehe. Da lagen sie und mitten im Sommer war es dem jungen Pfarrer wie Weihnachten zumute und er wird diesen Engelauflauf sein Leben lang nicht vergessen."

In Gertrude E. aus Pirna wurden beim Lesen der „elfpunktepost" alte Wendt & Kühn-Erinnerungen wach: „So kenne ich Grete Wendt mit ihrer freundlichen und gütigen Art, wenn sie zu uns in die Malerei kam. Ich war damals 20 Jahre alt, als ich von September 1945 bis 1951 bei Wendt & Kühn als Malerin arbeitete. Es war eine schöne Zeit. Gern denke ich zurück. Leider musste ich dann aufhören, weil ich nach Dresden verzog."

Auch der im MDR seit 2006 mehrfach zur Weihnachtszeit gesendete Film „Die weltberühmten Engel aus Grünhainichen" hat seine Wurzeln in Kindheitserinnerungen. Filmema-

cherin Sabine Barth berichtet: „Die Anfänge reichen sehr weit zurück … in die 30er-Jahre nach Zwickau. Dort hatte mein Großvater väterlicherseits ein Engagement als Musikdirektor. Bei einem befreundeten Drechsler, der auch Holzfiguren anderer Hersteller verkaufte, sahen meine Großeltern Kurt und Gerda Barth zum ersten Mal die ‚Musikerkollegen' mit den typischen grünen Flügeln mit elf weißen Punkten und verliebten sich sofort in sie. Ich selbst habe meine Großeltern leider kaum gekannt. Ich war noch sehr klein, als sie kurz hintereinander starben. Was von ihnen in der Familie erzählt wurde, war, dass sie als Musiker oft sehr wenig Geld hatten, dafür aber umso mehr Sinn für alles Schöne und Künstlerische, weit über die Musik hinaus. In den Dreißigerjahren in Zwickau haben sie sich Stück für Stück das Engelorchester zusammengespart.

Nach dem Krieg ging die Familie nach Zeitz an das dortige Theater. Engel gab es dann schon bald keine mehr zu kaufen. Und so wurde zu jedem Weihnachtsfest mit großer Feierlichkeit der Engelberg aufgebaut. Der Großvater – selbst Dirigent und Komponist – wachte streng darüber, dass alle Engel an ihrem richtigen Platz waren.

Den Engelberg erbten später meine Eltern, Dr. Felix und Brigitta Barth. Es gab sogar einen besonderen Tisch von meiner Großmutter, auf dem er bei uns zu Hause zur Weihnachtszeit aufgebaut wurde. Seit ich denken kann, gehört das Bild vom Engelberg von Wendt & Kühn auf dem kleinen Tisch zu meinem Gefühl von Weihnachten. Neben das Orchester der Musi-

Der kleine Dirigent: Elfpunkte-Engel mit Taktstock

Elfpunkte-Engelpaar mit einem sogenannten „Lichtnapf"

Kleines dralles Stadtmädchen mit Schulranzen

kerengel gehörte die Weihnachtsglocke, die uns die Bescherung ankündigte. Alle Freunde der Eltern, die uns in der Weihnachtszeit besuchten, liebten unsere Engel genauso wie wir selbst. Da mein Vater am 3. Januar Geburtstag hatte und die Weihnachtsdekoration noch stand, kam der Engelberg auch nach Weihnachten noch einmal zu Ehren.

Es kam natürlich auch mal vor, dass mein Bruder Alex oder ich an die Tischkante stießen, wenn wir durch die Wohnung tobten, und es dann alle Engel ‚abräumte'. Dann waren wir froh, wenn möglichst nichts zerbrochen war, weil es ja zu DDR-Zeiten schwer war, Ersatz zu bekommen. Inzwischen bin ich Filmemacherin geworden und arbeite für das Fernsehen. Da war es wohl nur eine Frage der Zeit, bis ich in Grünhainichen an die Tür der Werkstätten von

Diese Handdrehdose spielt ein Abendlied

Rechte Seite: Die Spieldose mit den unbekleideten Engeln, zu deren Klängen die große Marlene Dietrich im Film „Blonde Venus" (1932) Heinrich Heines Lied „Leise zieht durch mein Gemüt" sang

Wendt & Kühn anklopfen würde. Jetzt wollte ich wissen, wo die Wiege für all die schönen Kindheitserinnerungen an den Engelberg stand.

Während der Recherche und des Drehs gab es immer wieder ganz besondere Momente: zum Beispiel, als ich den Film ausfindig machen konnte, in dem Marlene Dietrich (eigtl. Maria Magdalena von Losch; 1901–1992) zu einer Handkurbelspieldose mit Elfen von Wendt & Kühn singt (Blonde Venus; 1932)."

Es handelte sich um die Spieldose mit kleinen nackten musizierenden Engeln, die Marlene Dietrich – so wird berichtet – zur Leipziger Messe kaufte und mit nach Hollywood nahm. Das Musikwerk dieser Dose spielte die Melodie „Leise zieht durch mein Gemüt" nach dem Gedicht „Frühlingsgruß" von Heinrich Heine. Zur Melodie der Dose singt die Dietrich in dem im Original englischsprachigen Josef-von-Sternberg-Film das Lied in deutscher Sprache.

Mit der großen Filmdiva sind wir bei den prominenten Liebhabern der Wendt & Kühn-Figuren angekommen. Zu ihnen gehören der Flugpionier Charles Lindbergh (1902–1974), der die Handdrehdose „Mädchen mit Puppenwagen" besaß, die Intendantin des Berliner Ensembles und große Brecht-Darstellerin Helene Weigel (1900–1971), die nach Grete Wendts handschriftlichen Aufzeichnungen direkt bei ihr einkaufte, und der erzgebirgische, international bekannte Formgestalter und Holzbildhauer Hans Brockhage (*1925).

Der Urwaldarzt und Friedensnobelpreisträger Albert Schweitzer (1875–1965) besaß im afrikanischen Lambarene einen Engelberg, der

Der Engelberg mit Madonna, für den Grete Wendt auf der Pariser Weltausstellung 1937 einen Grand Prix und eine Goldmedaille erhielt (s. a. S. 65). Hier eine der Formen, in der der Engelberg heute im Angebot ist

ihm vermutlich vom seinerzeitigen Volkskammerpräsidenten der DDR, Gerald Götting (*1923), geschenkt wurde. Dieser veröffentlichte 1961 ein Buch „Begegnung mit Albert Schweitzer". Der Komponist und Generalmusikdirektor der Deutschen Staatsoper Berlin Otmar Suitner (*1922) erhielt von Mitarbeitern der Oper zum 60. Geburtstag „das herrliche, madonnengekrönte Engel-Konzert" ge-

schenkt, wofür er sich auch bei Olly Wendt schriftlich bedankte. Und zwei weitere große Dirigenten zählen bzw. zählten zu den Sammlern der Musikantenengel: Kurt Masur (*1927) und Kreuzkantor Rudolf Mauersberger (1889–1971), der aus Mauersberg im Erzgebirge stammte und öfter im Engelhaus in Grünhainichen einsprach.

Ohne Verfasser- und Zeitangabe fand sich im Firmenarchiv das folgende hübsche Gedicht:

… Die Engel, die einst auf dem Felde geweilt,
sind aus dem Herzen der Menschen geeilt,
sie stehen in Kirchen im kostbaren Schrein,
sind aus Gold und aus Stein,
sind tausend Jahre alt
und kalt.
Ihr Blick aus dunklem Kircheneck
geht über uns viele Meilen weg.
Aber die kleinen Dreigroschenengel,
die pausbäckigen dicken Bengel
mit komischen Flügeln und dicken Beinen,
mit kurzen Hemdchen und runden, feinen
rötlichen Klecksen auf dem Gesicht –
vor ihnen fürchten wir uns nicht.
Wir dürfen sie in den Händen halten,
unser Gefühl wird nicht vor ihnen erkalten.
Der eine pfeift, der andere posaunt,
der dritte staunt,
und einer bläst gar einen Ton –
auf einem Saxophon.
Ach weil wir nicht wert sind der Engelsgestalten
mit den großen heiligen Mantelfalten,
den feinen Händen,
die Segen spenden,
wollen wir uns ganz bescheiden
zu den Bauern-Engeln begeben
und versuchen, mit ihnen zum Himmel zu schweben …

Weitere Elfpunkte-Engel in Nahaufnahme: Mit Flöte (links oben), mit Basstrompete (links Mitte), mit Kesselpauken (links unten), sitzend auf Schlitten (oben) und mit Saxophon (unten).

Ein Blumenkind:
Mädchen mit Sonnenblume

Mitten im Zweiten Weltkrieg wurde das folgende Gedicht verfasst:

Vor dem Märchenschrank

… Wir baten in den Raum. Du gehst zum schweren Schrank,
die Türen öffnen sich, das Licht flammt auf –
da stehen wir beglänzt, geblendet fast:
Im Land des Märchens schauen wir unserer Seele Land.
Ein unbeschreiblich Leuchten geht
und spielt um Blumenkinder, legt sich
um der tausend Englein süßere Gestalt.
Und Bäume stehn, und Krippen künden von dem höchsten Wunder.
Ein reiner Klang steigt auf; schau, wie sie
auf der Spieldos' tanzen: Kinder, Blumen, Vögel.
Das Volkslied singt, das ewige –.
Lang sehn wir so in sel'gem Schauen,
der Umwelt, allen Schmerzes ganz entrückt,
und horchen tief in uns und unsrer Jugend Traum,
in das Erinnern still verzückt.
Die Türe knarrt, der Glanz erlischt,
der Schrank hüllt seine Wunder wieder ein.
Ein letzter Ton, ein silbern-zarter Klang verschwebt im Raum –.
Dann treten wir hinaus. Der Garten blüht,
der Hang steht bunt in Farben. Früchte locken.
Wir aber tragen tief in uns beglückt
das Leuchten und den Klang der Märchenzeit. –
Komm Tag, komm Kampf! Wir sind bereit.

Das Gedicht trägt das Datum 13. 7. 42
und ist mit Rast (ohne Vornamen) unterschrieben.

Das Märchen von den Sterntalern
als Spardose

Wer denkt da nicht an Jugendstil
und Wandervogelbewegung? Mädchen
mit Margeritenkranz und Laute

Erzgebirgischer Engel mit Baby
als Sinnbild für den Schutzengel

Noch ein Blumenkind: Mädchen m
Schneeglöckchen und Ziehspielzeug

Schließen wir den Reigen mit einem Gedicht in erzgebirgischer Mundart. Es fand sich in gedruckter Form ohne Quellenangabe im Firmenarchiv.

Kummt, stitt auf!

Kurze Röckle, grüne Flügln
mit elf weiße Pünktle drauf,
wenn de Weihnachtszeit is kumme,
weck' iech die klenn Engln auf.

Racht behutsam aus dr Schatl
namm iech die Figürle raus,
nochrt wickl iech se sachte
aus'n Seidnpapier aus.

All die Sängr, Musikantn,
manchr hält e Licht, en Stern,
un mir is, als könnt iech leise
Weihnachtsliedr klinge härn.

Ja, iech fraah miech immr wiedr
übr meine Englschar,
wenn se in ihrn weißn Klaadle
vür mir stinne, Gahr fir Gahr.

Engele mit grüne Flügln
un elf weiße Pünktle drauf,
is arschte Lichtl will iech weckn:
S is Weihnachtszeit, nu kummt, stitt auf.

Magdalena Schmidt(-Reißig)

All diese Beispiele und Zeugnisse belegen, dass Grete Wendt recht hatte, als sie äußerte, dass ihre Figuren Volksgut geworden sind.

Fröhliche Musikantenkinder

Wo man die Engel besuchen kann

Das Engelhaus in Grünhainichen und die W&K-Figurenwelt in Seiffen

Laden, Schauraum und Schautage · Figurenwelt Seiffen

Dass die Grünhainichener Engel und ihre Geschwisterfiguren nicht aus einer anonymen Fabrik oder gar aus dem Fernen Osten importiert werden (wie so manche als „erzgebirgisch" angebotene Ware), davon kann man sich an Ort und Stelle überzeugen, und zwar direkt im originalen Engelhaus mitten im Ort.

Werktäglich sind dort ein Verkaufsraum mit dem derzeitigen Angebot und ein Schauraum mit dem legendären Musterschrank und vielen historischen Stücken geöffnet. Überdies gibt es an Festtagen wie Ostern, Pfingsten, Christi Himmelfahrt, dem Tag des traditionellen Handwerks, am Reformationstag und zum 1. Advent Schautage mit Führungen durch die Werkstätten

und einem abwechslungsreichen Familienprogramm. Vor den Augen der Besucher entstehen aus den gedrechselten Holzteilen die Grünhainichener Engel-, Kinder- und Märchenfiguren, werden sorgfältig zusammengefügt, kommen ins weiße Farbbad für die Grundierung und werden nach dem Trocknen mit den wunderbar frischen Lacken bemalt, die den Figuren ihren besonderen Liebreiz verleihen.

So mancher Engel hat unter den Zeitläufen gelitten, wie aus Zuschriften zur „elfpunktepost" hervorgeht. Man kann solche Figuren beim Reparaturservice im Grünhainichener Engelhaus vorlegen, um zu klären, ob sich eine Restaurierung lohnt. Kleinere Reparaturen

Ich suche allerlanden eine Stadt,
Die einen Engel vor der Pforte hat.

(Else Lasker-Schüler)

sind unkompliziert. Für Artikel, die nicht mehr im Sortiment enthalten sind, sowie für seltene und sehr alte Stücke ist eine Restaurierung empfehlenswert, und natürlich für alle persönlichen Lieblingsstücke, an denen besondere Erinnerungen hängen.

Seit Oktober 2003 kann man den Manufaktur-Erzeugnissen außer in Grünhainichen auch in Seiffen, dem Besuchermagnet mitten im Spielzeugland, begegnen. Die Verkaufsgalerie „Figurenwelt Seiffen" präsentiert die gesamte Angebotspalette und eine Auswahl historischer Stücke in einem architektonisch ausgewogenen Ambiente unter einem Sternenhimmel. Zwar findet in Seiffen keine Produktion statt, aber im Wechsel sind im Videoraum die in den letzten Jahren entstandenen, zum Teil im Fernsehen ausgestrahlten Filme „Werkstattbesuch", „Hallo Engel" und „Die weltberühmten Engel aus Grünhainichen" zu sehen.

In den in Seiffen gezeigten Filmen und bei den Schautagen im Stammhaus erleben Besucher die Mitarbeiterinnen und Mitarbeiter unmittelbar an ihrem Arbeitsplatz, ohne die aus den schöpferischen Ideen von Grete und Olly Wendt nicht das hätte werden können, was sich seit über 90 Jahren als eine der interessantesten Werkstätten im einzigartigen Weihnachts- und Spielzeugland Erzgebirge präsentiert.

Hedwig Bollhagen (1908–2001), die bekannte Keramikerin aus Marwitz bei Berlin, hat vier Jahre vor ihrem Tod noch einmal Grünhainichen besucht. Für ihr Schaffen hatte sie gleichzeitig mit Grete Wendt, mit der sie jahrzehntelang befreundet war, 1937 in Paris eine Goldmedaille gewonnen. Sie schrieb 1997 an Hans Wendt:

Die „Figurenwelt" präsentiert auf faszinierende Weise Angebot und Geschichte der Firma Wendt & Kühn in der Ortsmitte von Seiffen. Linke Seite: Weihnachtliche Großspieldose; nebenstehend: Außenansicht bei Nacht

„Der Besuch bei Ihnen war für mich ein ganz wundervolles Erlebnis und ich danke Ihnen nochmals sehr, dass Sie mich so gründlich durch den Betrieb geführt haben, der mir außerordentlich gut gefallen hat. Sie haben ihn ganz vorbildlich eingerichtet und führen ihn auch so. Es ist auch imponierend, dass Sie keinen Industriebetrieb daraus gemacht haben, sondern ein einmaliges individuelles Werk schufen. Auch alle baulichen Veränderungen, die Anordnung der Produktionsstätten, die Inneneinrichtung hat mir sehr gut gefallen, eine einmalige Anlage."

Die Häuser in Grünhainichen und Seiffen ziehen alljährlich Tausende von Besuchern an, auch dies ein Beweis dafür, dass Grete Wendt recht hatte mit ihrer Feststellung, dass ihre Figuren Volksgut geworden seien.

Engelgeschwisterpaar mit Kerzenhalter und Stern

Die Engel im Überblick

Alle lieferbaren Elfpunkte-Engel aus Grünhainichen

Der Wendt & Kühn-Katalog von 1937 stellte als Nr. 50 den Engelberg mit der Gottesmutter und dem Jesuskindlein vor, flankiert von zwei größeren, knienden Engeln sowie 27 musizierenden und 12 kerzentragenden Miniaturengeln. In dieser Form erhielt die Gruppe einen Grand Prix und die Goldmedaille der Pariser Weltausstellung.

Der Engelberg ist bis heute in ähnlicher Form lieferbar, mit freistehender Madonna ohne flankierende Engel (Abb. S. 114).

Eine unter Sammlern immer wieder diskutierte Frage ist die nach der Haarfarbe der Engel, die es bekanntlich in Blond und Braun gibt.

Die Schöpferin all dieser kleinen Gesellen

hat bereits in den 1920er-Jahren festgelegt, dass zum Orchester der Engelmusikanten 70 Prozent blonde und 30 Prozent brünette Figuren gehören sollten. Daran hat sich die Firma Wendt & Kühn in der Vergangenheit gehalten. Da man aber feststellte, dass die Kunden verstärkt Engelmusikanten mit dunklem Haar verlangten, werden beide Haarfarben neuerdings in einem Verhältnis 50 : 50 angeboten. So gibt es also fast jede Figur der 650er-Serie in Blond sowie Brünett (sitzend und stehend). Eine Ausnahme bildet lediglich Engel 650/51: Dieser wird nur in Brünett gefertigt, um einen Kontrast zum gelben Stern zu haben. Des Weiteren gibt es den Engel am Flügel nur in Blond,

Den Namen weiß ich nicht. Doch du bist einer
Der Engel aus dem himmlischen Quartett,
Das einstmals, als ich kleiner war und reiner,
Allnächtlich Wache hielt an meinem Bett.

(Mascha Kaléko)

um auch hier den Kontrast zum schwarzen Flügel zu haben. Beim Baumbehang, Artikel-Nr. 650/70 und 650/80, hingegen werden alle Haarschöpfe mit dunkler Farbe versehen, da dies nun wieder besser zu den gelben Monden, Sternen und Kometen passt. Den kleinen Organisten gibt es auch nur in Blond; dies ergibt eine bessere Farbharmonie zum Blau der Orgel.

Die nachstehende Übersicht zeigt alle lieferbaren Engel (Stand 2016) mit der Bezeichnung des Instruments, das sie spielen.

Elfpunkte-Engel finden sich außerdem auf den Spieldosen „Engelszug" und „Engelmusikanten", auf dem „Storch groß", dem „Engelwagen mit Kind", der Orgel und dem Adventskranz. Die Abbildungsserie beginnt auf dieser Seite und läuft bis Seite 131.

| *Taktstock* | *Melodika* | *Triangel* | *Flöte* | *Fagott* |

| *Gitarre* | *Geige ★* | *Harfe ★* | *Waldhorn ★* | *Trompete ★* |

| *Harfe ★* | *Waldhorn ★* | *Trompete ★* | *Triangel* | *Geige ★* |

Die mit ★ gekennzeichneten Engel sind nur in 30 cm Größe lieferbar. Die mit ★★ gekennzeichneten Engel sind in 8 und 30 cm Größe lieferbar.

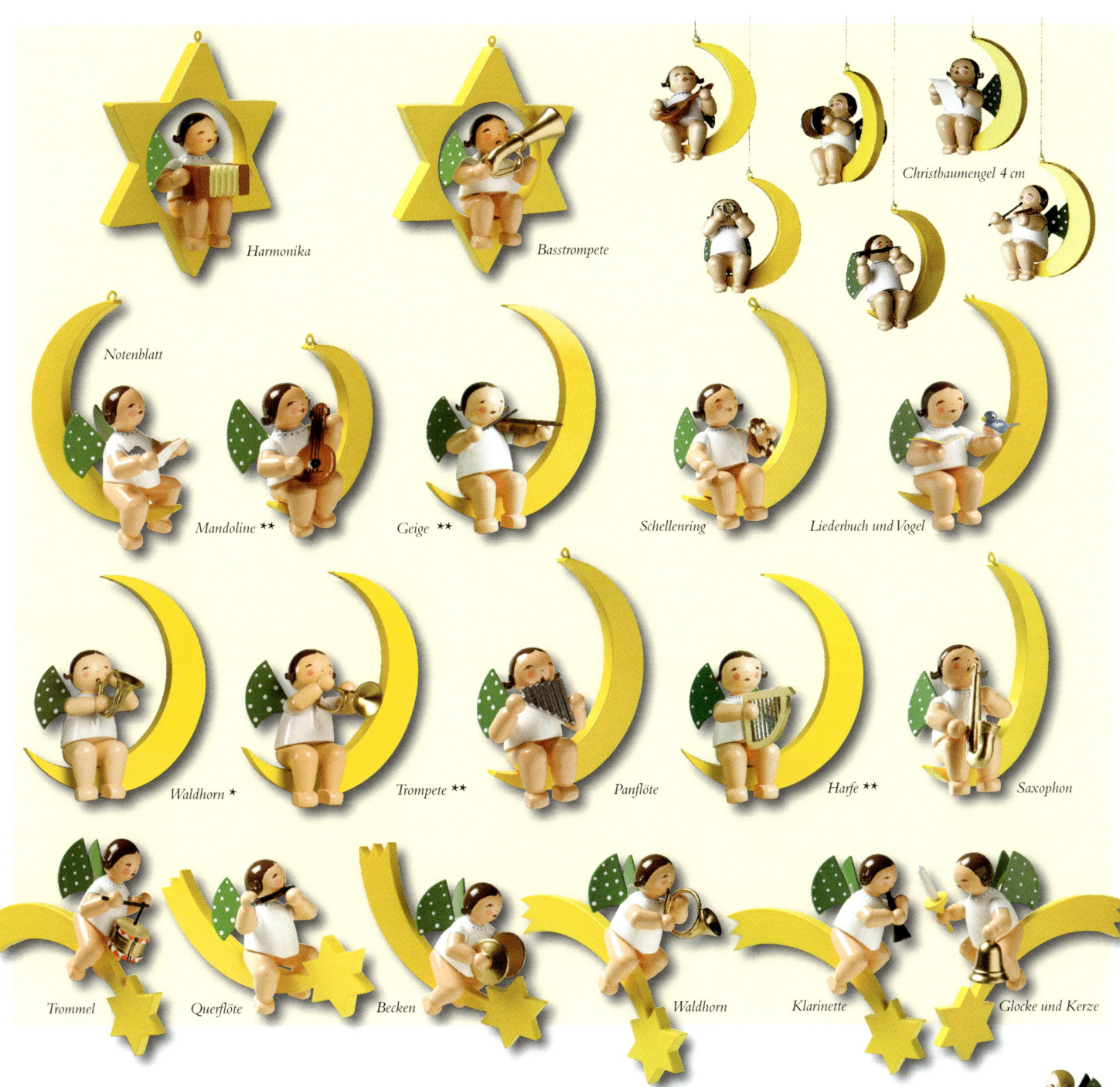

Harmonika

Basstrompete

Christbaumengel 4 cm

Notenblatt

Mandoline **

Geige **

Schellenring

Liederbuch und Vogel

Waldhorn *

Trompete **

Panflöte

Harfe **

Saxophon

Trommel

Querflöte

Becken

Waldhorn

Klarinette

Glocke und Kerze

Basshorn

Triangel

Triangel,
sitzend

Waldhorn

Querflöte

Saxophon

Querflöte,
sitzend

zwei
Kesselpauken

Kesselpauke

Mundharmonika

Bratsche,
sitzend

Liederbuch

Panflöte

Basstrompete

Basstrompete,
sitzend

Drehorgel

Zugposaune

Trompete

Trompete, sitzend

Mandoline

Gitarre

Gitarre,
sitzend

Laute

Stern und
Laterne

Glockenspiel

Klarinette

Klarinett,
sitzend

Blockflöte

Fagott

Fagott,
sitzend

Schlagzeug

Rührtrommel

Melodika

Akkordeon

Akkordeon,
sitzend

Glocke und
Laterne

Maracas

Orchesterhorn

Schellenring,
sitzend

Schellenring

Geige

Flöte

Mandoline

Harmonika

Becken

Notenblatt

Harfe

Triangel

Basstrompete

Trompete

Gitarre

Fagott

Klarinette

Waldhorn

Liederbuch und Vogel

Taktstock

Akkordeon

Glocke und Kerze

Saxophon

Altoboe

Flügel

Flügel, offen

128

Amorengel
(Goldedition
No 1)

Amorengel,
kniend (Gold-
edition No 1)

Musikus
(Goldedition
No 2)

Liebesbote
(Goldedition
No 3)

Lichterbote
(Goldedition
No 4)

Sternenfänger
(Goldedition
No 5)

Poet
(Goldedition
No 6)

Gratulant
(Goldedition
No 7)

Schatzmeister
(Goldedition
No 8)

Glücksbote
(Goldedition
No 9)

Glocke
und Kerze

Flöte

mit Flöte, sitzend,
ohne Sockel

Harmonika

Harmonika,
sitzend

Violoncello,
sitzend

Kontrabass

Geige, sitzend

Geige

Banjo

Amorengel, schwebend
(Goldedition No 1)

Liederbuch und
Flöte, schwebend

Akkordeon, schwebend

Kleine Harfe, schwebend

Geige, schwebend

Flöte, schwebend

Harfe groß

Harfe,
sitzend

Harfe klein

Trommel

Notenblatt

Becken

Taktstock

Xylophon

Glockenkranz

Fanfare

Kranz

Pauke

Notenblatt und Vogel,
sitzend, ohne Sockel

knieend, betend

Zither, sitzend

Kontrafagott, sitzend

Posaune, sitzend

Becken, sitzend

Mandoline,
schwebend

Harmonika,
schwebend

Querflöte, schwebend

Waldhorn, schwebend

Becken, schwebend

Altoboe

Gong

Lyra

Schalmei

Ski

Engelgruppe
mit Baum

zweiteiliges Schlagzeug

Storch mit
Wickelkind

Figurenregister

Die Figuren werden, soweit sie zurzeit (2016) lieferbar sind, in alphabetischer Reihenfolge mit genauer Figurenbezeichnung sowie -nummer aufgeführt. Mehrfachabbildungen sind durch weitere Seitenzahlen gekennzeichnet.

Zur Firmengeschichte von Wendt & Kühn

Sachsen ist das Ursprungsland zahlreicher bekannter Marken, man denke nur an Audi, Chlorodont, Odol, Melitta und Teekanne. Freilich haben diese nicht an ihrem Gründungsort, sondern nach der Teilung Deutschlands im Westen überlebt. Weil untrennbar vom Standort, blieben Marken wie Meißner Porzellan und einige wenige andere an Ortsnamen gebundene über die DDR-Jahre hinweg erhalten. Zwei weltbekannte Marken, die theoretisch woanders hätten fortgeführt werden können, überlebten ebenfalls an ihrem Gründungsort: Wendt & Kühn (eine Zeit lang als VEB Werk-Kunst) und die Deutschen Werkstätten in Hellerau. Beide Marken bzw. Werkstätten entsprangen dem gleichen Gründungsimpuls, beide überlebten mit der gleichen Strategie: handwerkliche Premiumqualität kombiniert mit strenger Markenführung.

Während in Hellerau Karl Schmidt (1873–1948) nach dem Zweiten Weltkrieg aus dem von ihm geschaffenen Betrieb weichen musste, konnte die Familie Wendt ihren Einfluss erhalten. Johannes Wendt wurde allerdings enteignet, sein Anteil ging zunächst an den Staat über, er starb 1945 in Tschero Powez (Nordwest-Russland) in sowjetischer Internierung.

Die Geschicke der Firma waren von ihm von 1919 an wesentlich mitbestimmt worden. Ihm oblag die kaufmännische Leitung. Die Figurenwelt wurde von seiner Schwester Margarete (Grete) und seiner Frau Olga gen. Olly, geb. Sommer, geschaffen. Seine Kontinuität verdankt das Haus Wendt & Kühn der glücklichen Fügung, dass zur richtigen Zeit immer die richtigen Menschen in der Führung und als Mitarbeiterinnen und Mitarbeiter zur Stelle waren.

Das Wendt-Trio Grete, Olly und Johannes gestaltete die ersten Jahrzehnte der Firma. Die Marke konnte nach dem Zusammenbruch der DDR erfolgreich weitergeführt werden, weil Hans Wendt charakterstark genug war, die Identität des Hauses in der volkseigenen Phase zu bewahren. Mit Tobias Wendt stand von 2002 bis 2010 ein Vertreter der dritten Generation mit einer besonderen Neigung, Begabung und Ausbildung für professionelles Marketing an der Spitze des Unternehmens. Nachfolger sind seine Geschwister Claudia Baer, geb. Wendt, und Florian Wendt.

Das traditionsreiche Unternehmen ist damit gerüstet für die Anforderungen der freien, globalen Marktwirtschaft, in der es sich seit der Reprivatisierung erfolgreich behauptet.

1915	Am 1. Oktober Gründung der Offenen Handelsgesellschaft „M. Wendt & M. Kühn". Zu den ersten Erzeugnissen gehören Lichterengel, Truhen, gedrechselte Dosen und Leuchter.
1916	Erstmalige Beteiligung an der Leipziger Messe.
1917	Umzug der Firma in das alte Fachwerkhaus an der Chemnitzer Straße.
1919	Grete Wendts Bruder Johannes übernimmt die kaufmännische Leitung der

Firma und wird zugleich Mitinhaber der „Wendt & Kühn OHG".

1919 Entwurf des Firmenzeichens durch Professor Margarete Junge/Dresden.

1920 Eintragung des Firmenzeichens beim Reichspatentamt. Als Absolventin der Dresdner Kunstgewerbeakademie kommt Olly Sommer nach Grünhainichen. Sie wird später Johannes Wendts Ehefrau und an der Seite von Grete Wendt eine einflussreiche Gestalterin. Margarete Kühn scheidet nach ihrer Hochzeit aus dem Unternehmen aus.

1923 Margarete Wendt entwirft die ersten drei Engelmusikanten.

1924/25 Das neue Werkstattgebäude wird bezogen und es erscheint der erste Firmenkatalog. Deutlich wird das Sortiment von figürlichen Entwürfen geprägt.

1930 Zweiter Firmenkatalog; neben zahlreichen Figuren sind auch viele Spieldosen und Kinderzimmeruhren im Sortiment.

1933/34 Die Kollektion umfasst bereits 800 Entwürfe. Ein Nachtrag zum Firmenkatalog von 1930 wird herausgegeben.

1936 Ein weiteres Werkstattgebäude kann am 1. Oktober bezogen werden.

1937 Wendt & Kühn wird für die Pariser Weltausstellung nominiert und erhält für den „Engelberg mit Madonna" den GRAND PRIX und eine Goldmedaille.

1940 25-jähriges Firmenjubiläum; Warenknappheit und Rohstoffschwierigkeiten als Folge des Kriegsausbruchs.

Eine direkte Beteiligung an der Rüstungsproduktion kann abgewendet werden; stattdessen Modellfertigung für Offizierschulen.

1945 Johannes Wendt wird in die Sowjetunion verschleppt und verstirbt im Dezember in einem Internierungslager.

1946 50 Prozent der Firma werden aufgrund des Volksentscheides in Sachsen enteignet. Margarete Wendt legt dagegen Widerspruch ein und ihr wird der Rückkauf des enteigneten Firmenanteils eingeräumt.

1947 Rückkauf des verstaatlichten Firmenanteils. Das Sortiment wird erweitert. 85 Mitarbeiter arbeiten in der Manufaktur und Wendt & Kühn beteiligt sich an den Messen in Leipzig und Frankfurt/Main.

1954 Hans Wendt tritt am 1. November in die Firma ein, er übernimmt später die Leitung der Grünhainichener Werkstätten.

1966 Margarete Wendt wird in Leipzig für ihre 100. Teilnahme an der Mustermesse geehrt, auf der sie seit 1916 ausstellt.

1972 Zwangsweise Verstaatlichung und Umbenennung in „VEB Werk-Kunst Grünhainichen" – die Initialen „W u. K" bleiben bestehen. Hans Wendt kann als Betriebsdirektor den Charakter der Manufaktur erhalten.
Margarete Wendt scheidet aus der Firma aus.

1979 Margarete Wendt stirbt 92-jährig in Grünhainichen.

1990	Reprivatisierung am 1. Juli. Hans Wendt sorgt als geschäftsführender Komplementär für den erfolgreichen Neubeginn der „Wendt & Kühn KG".
1991	Olly Wendt verstirbt 95-jährig in Grünhainichen.
1991–94	Umfangreiche Modernisierung von Fertigung und Verwaltung sowie Neubau einer Holzlager- und Holztrocknungshalle.
1995/96	Rekonstruktion des Produktionsgebäudes aus dem Jahre 1936 und Produktionsneubau.
1997	Aufwendige Rekonstruktion des denkmalgeschützten Fachwerkhauses als Verwaltungsgebäude und Einrichtung einer Verkaufsausstellung. Tobias Wendt tritt in die Firma ein.
1998	Umfangreiche Erweiterung des 1924 erbauten Produktionsgebäudes.
2000	85-jähriges Gründungsjubiläum der traditionsreichen Werkstätten Wendt & Kühn und Einweihung eines neuen Produktionsgebäudes.
2001	Am 31. Dezember überträgt Hans Wendt die Leitung des familiengeführten Unternehmens seinem Sohn Tobias.
2002/03	Gebäudekauf in Seiffen und Umbau zur über 200 m² großen Verkaufsgalerie „Figurenwelt Seiffen", die im Oktober eröffnet wird.
2008	85 Jahre Engelmusikanten. Im Husum Verlag erscheint „Die weltberühmten Engel aus Grünhainichen – Himmlische Boten aus dem Erzgebirge" aus der Feder des bekannten Erzgebirgsautors Ehrhardt Heinold. Parallel zum Erscheinen des Buches läuft eine gleichnamige Ausstellung im Altonaer Museum in Hamburg. Hans Wendt verstirbt in Grünhainichen.
2009	Sigrid Wendt, die Zwillingsschwester von Hans Wendt, verstirbt in New York.
2010	Zum 31. 12. 2010 verlässt Tobias Wendt das Unternehmen. Die Firma wird von seinen Geschwistern Claudia Baer (geb. Wendt) und Dr. Florian Wendt als geschäftsführende Gesellschafter weitergeführt.
2013	Das neue Vertriebskonzept „Autorisierter Wendt- und Kühn-Fachhändler" wird eingeführt. Es ist mit der Verleihung eines Signets verbunden.
2015	100 Jahre Wendt & Kühn. Das Museum für Sächsische Volkskunst im Jägerhof (Dresden) zeigt aus diesem Anlass eine umfassende Ausstellung. Das Unternehmen eröffnet in Grünhainichen eine „Erlebniswelt". Auf 270 m² im Erdgeschoss des historischen Fachwerkhauses, in dem die Firma seit der Gründung ihren Sitz hat, wird nicht nur Holzkunst verkauft, sondern der Weg der Produkte vom Wald bis zur Vitrine dargestellt.
2016	Seit 2013 sind 750 Fachhändler autorisiert worden. Die Edition „Klangfarbe Weiß" erringt im Wettbewerb „Manufakturprodukt des Jahres" den dritten Platz und wird mit einem Sonderpreis in der Kategorie „Design" ausgezeichnet.

Benutzte und weiterführende Literatur

Michael W. Alpatow: Die Dresdner Galerie. Alte Meister. Dresden: Verlag der Kunst 1966

Klaus-Peter Arnold: Vom Sofakissen zum Städtebau. Die Geschichte der Deutschen Werkstätten und der Gartenstadt Hellerau. Dresden: Verlag der Kunst 1993

Sigfried Asche: Balthasar Permoser und die Barockskulptur des Dresdner Zwingers. 5. Auflage. Dresden: Verlag der Kunst 1979

Konrad Auerbach (Hrsg.): Idee Zeichnung Produkt. Die Spielwarenschule Seiffen von ihren Anfängen bis zur Gegenwart. Erzgebirgisches Spielzeugmuseum 1995 = Schriftenreihe Heft 10

Fredo Bachmann: Bewegliche Plastik. Eine volkskundliche Studie. In: Mitteilungen Band XXVI. Heft 9 bis 12. Dresden: Landesverein Sächsischer Heimatschutz 1937

Manfred Bachmann u. a.: Gemäldegalerie Alte Meister Dresden. Braunschweig: Westermann 1985 = museum

Bad. Hist. Kommission (Hrsg.): Die Siegel der Städte in den Kreisen Freiburg, Villingen und Lörrach. Heft 3. Heidelberg: Winter's Universitätsbuchhandlung 1909

Angelika und Karl Baeumert: Raffael und kein Ende. Eine volkskundliche Untersuchung. Marburg: Jonas 1982

Richard Beitl: Wörterbuch der deutschen Volkskunde. 3. Auflage. Stuttgart: Kröner 1974

Berufsfachschule für Tourismus des Instituts für soziale und kulturelle Bildung e. V. (Hrsg.): Lichterbergmann und Lichterengel im Sächsischen Erzgebirge. Husum: Husum 1998 = Schriftenreihe „Erzgebirgische Volkskunst"

Brandenburgisches Landsamt für Denkmalpflege und Archäologisches Landesmuseum (Hrsg.): Taufengel in Brandenburg. Eine Bestandserfassung. Petersberg: Imhof 2006

Michael Brandt (Hrsg.): Der vergrabene Engel. Die Chorschranken der Hildesheimer Michaeliskirche. Mainz: Philipp von Zabern 1995

Burg Scharfenstein (Hrsg.): Sammlung Johannes Martin. Scharfenstein: Burg Scharfenstein 2004

Gaalyahu Cornfeld / G. Johannes Botterweck (Hrsg.): Die Bibel und ihre Welt. Eine Enzyklopädie. München: dtv 1972

Dresdner Porzellan. Seit 1982. Katalog I. Freital: Sächsische Porzellanmanufaktur Dresden GmbH. O. J.

Albrecht Dürer: Die kleine Passion. Leipzig: Insel 1941

Walter Fellmann: Sachsen Lexikon. München: Koehler & Amelang 2000

Helmut Flade: Grete Wendts Spiel- und Tändelkram. In: Sächsische Heimatblätter 6/1986. Dresden: Kulturbund

Eszter Fontana u. a. (Hrsg.): Wenn Engel musizieren. 2. Auflage mit englischer Zusammenfassung. Dössel: Stekovics 2008

Eszter Fontana u. a. (Hrsg.): Wenn Engel musizieren. Musikinstrumente von 1594 im Freiberger Dom. 2 CDs mit Booklet. Schloss Goseck: Raumklang 2005

Ernst Forsthoff (Hrsg.): Philipp Otto Runge. Schriften, Fragmente, Briefe. Berlin: Vorwerk 1938

Karl Ewald Fritzsch: Zur Entwicklungsgeschichte des Lichterengels. In: Sächsische Heimatblätter 1963, Heft 6. Dresden

Anne Marie Fröhlich (Hrsg.). Engel. Texte aus der Weltliteratur. Zürich: Manesse 1991

Rudolf Glaeser: Ein himmlischer Kindergarten. München: Bruckmann 1939

Malcolm Godwin: Engel. Eine bedrohte Art. Frankfurt: Zweitausendeins 1991

Christine Goetz: Berlins verborgene Engel. Berlin: Morus 2004

Ferdinand Gregorovius: Der Erzengel auf dem Berge Garganus. Zitiert nach Anne Marie Fröhlich (s. oben)

Jacob und Wilhelm Grimm: Deutsches Wörterbuch. Bd. 10 (= Fotomechanischer Nachdruck der Erstausgabe 1877 Bd. 4, Abtl. 2, i, j). München: dtv 1984

Grünhainichener Heimatverein e. V. (Hrsg.): 650 Jahre Grünhainichen. Festschrift. Grünhainichen: Gutermuth 1999

Winfried Hansmann: Putten. Worms: Wernersche Verlagsgesellschaft 2000

Walther Haupt: Sächsische Münzkunde. Tafeln. Berlin: Deutscher Verlag der Wissenschaften 1974

Walther Haupt: Sächsische Münzkunde. Text. Berlin: Deutscher Verlag der Wissenschaften 1974

Gerhard Heilfurth: Der Bergbau und seine Kultur. Eine Welt zwischen Dunkel und Licht. Freiburg: Atlantis 1981

Gerhard Heilfurth: Das Erzgebirge als „Weihnachtsland". Erinnerungen und Einblicke in seine Struktur und Geschichte. In: Gerhard Heilfurth u. a.: Weihnachtsland Erzgebirge. 4. Auflage. Husum: Husum 1995

Ehrhardt Heinold: Kleines Erzgebirgs-ABC. Husum: Husum 2007

Ehrhardt Heinold / Günther Großer (Hrsg.): Hellerau leuchtete. Zeitzeugenberichte und Erinnerungen. Husum: Verlag der Kunst 2007

Ehrhardt Heinold / Alix Paulsen: Erzgebirgisches Brauchtums-ABC. Husum: Husum 2003

Ehrhardt Heinold / Alix Paulsen: Erzgebirgisches Spielzeug-ABC. Husum: Husum 2002

Ehrhardt Heinold / Alix Paulsen: Erzgebirgisches Weihnachts-ABC. 2. Auflage. Husum: Husum 2004

Heinz-Georg Held: Engel. Geschichte eines Bildmotivs. Köln: DuMont 1995

Walter Hentschel: Bibliographie zur sächsischen Kunstgeschichte. Berlin: Akademie 1960 = Schriften zur Kunstgeschichte Heft 4

Walter Hentschel: Der Orgelbauer Gottfried Silbermann. Zur 250. Wiederkehr seines Geburtstages. In: Mitteilungen Band XXI Heft 7/12. Dresden: Landesverein Sächsischer Heimatschutz 1932

Walter Hentschel: Hans Witten, der Meister H. W. Leipzig: Seemann 1938

Konstantin Hermann: Jugendstil in Dresden. Dresden: Hellerau 1998

Torkild Hinrichsen: Alle Engel dieser Erde. Auf den irdischen Spuren eines himmlischen Phänomens. Husum: Husum 2000

Waltraud Hutter: Engel – Faszination und Geheimnisse. Graz: Styria 2001

C. G. Jung / K. Kerényi: Das göttliche Kind in mythologischer und psychologischer Beleuchtung. O. O. u. J. (1940)

Lothar Kempe: Schlösser und Gärten um Dresden. Leipzig: Seemann 1979

Friedrich Kluge: Etymologisches Wörterbuch der deutschen Sprache. 18. Auflage. Berlin: de Gruyter 1960

Hans Knodel und Horst Bayrhuber: Linder Biologie. Lehrbuch für die Oberstufe. 19. Auflage. Stuttgart: Metzler 1983

Klaus Kratzsch: Bergstädte des Erzgebirges. München: Schnell & Steiner 1972 = Münchner kunsthistorische Abhandlungen Band IV

Die Kunst zum Leben. Magazin für Erzgebirgische Handwerkskunst. Heft 1/2007. Olbernhau: Verband Erzgebirgischer Kunsthandwerker und Spielzeughersteller e.V.

Michael Ladwein: Raphaels Sixtinische Madonna. Stuttgart: Urachhaus 1993

Hermann Leitz: Die Engel. Ihr Wesen und Werk. Siegen: Schneider 1948

Claudia Lichte (Hrsg.): Tilman Riemenschneider. Werke seiner Blütezeit. Regensburg: Schnell & Steiner 2004

Herbert Lindner: Das Erzgebirge, das Land der singenden und klingenden Täler und Höhen. In: Herbert Clauß (Hrsg.): Das Erzgebirge. Land und Leute. Frankfurt: Weidlich 1967

Fritz Löffler: Die Monumentalmalerei des Barock in Dresden. In: Hans Krey (Hrsg.) Jahrbuch
zur Pflege der Künste. 4. Folge. Dresden: Jess 1956

Heinrich Magirius: Der Dom zu Freiberg. In: Fritz Löffler: Das christliche Denkmal Heft 3/3A. 3. Auflage. Berlin: Union 1980

Heinrich Magirius: Die Sankt-Annen-Kirche zu Annaberg. In: Fritz Löffler: Das christliche Denkmal Heft 7/7A. Berlin: Union 1985

Heinrich Magirius / Hartmut Mai: Dorfkirchen in Sachsen. Berlin: Evangelische Landesanstalt 1985

Joachim Menzhausen: Das Grüne Gewölbe. Berlin: Rembrandt 1968

Wilhelm Messerer: Kinder ohne Alter. Putten in der Kunst der Barockzeit. Regensburg: Pustet 1962

Meyers Enzyklopädisches Lexikon. Band 7: Div – Eny. Mannheim: Bibliographisches Institut 1973

Theodor Müller u. a.: Deutsche Plastik von der Frühzeit bis zur Gegenwart. Königstein: Langewiesche o. J.

H. Th. Musper: Albrecht Dürer. Köln: DuMont 1965

Die Muttergottes. Deutsche Bildwerke. Leipzig: Insel 1941.

Vera Ostermayer: Der Engelsgruß von Veit Stoß in St. Lorenz, Nürnberg. Nürnberg: Mabase 2007

Paul Portmann: Engel und Putten aus dem süddeutschen Spätbarock. Stuttgart: Parkland 1965

Rat der Stadt Dresden (Hrsg.): Dresden. Das Buch der Stadt. Dresden: Industrie- und Verkehrsverlag 1924

Religion in Geschichte und Gegenwart. Handwörterbuch für Theologie und Religionswissenschaft. Band 2 C – E. Hrsg. von Hans Dieter Betz u. a. 4. Auflage. Tübingen: Mohr 1999

Religion in Geschichte und Gegenwart. Handwörterbuch für Theologie und Religionswissenschaft. Band 5 L – M. Hrsg. von Hans Dieter Betz u. a. 4. Auflage. Tübingen: Mohr 2002

Joachim Riebel: Erzgebirgische Weihnachtsfiguren. Gedrechselte Lichterfiguren, Räuchermänner und Nussknacker. Chemnitz: Gumnior 2003 = Reihe Weiss-Grün 32

Sächsische Porzellanmanufaktur Dresden. Katalog II. Freital: Sächsische Porzellan-Manufaktur o. J.

Albert Schiffner: Beschreibung von Sachsen und der Ernestinischen, Reußischen und Schwarzburgischen Lande. Reprint der Ausgabe von 1840. Frankfurt: Weidlich 1981

Emil Schaeffer: Raffaels Sixtinische Madonna als Erlebnis der Nachwelt. 3. Auflage. Dresden: Jess 1956

Alix de Saint-André: Die Enzyklopädie der Engel. Frankfurt: Eichborn 2001

O. E. Schmidt: Kursächsische Streifzüge. Eine Auswahl. Frankfurt: Weidlich 1961

Werner H. Schmidt / Gerhard Delling: Wörterbuch zur Bibel. Hamburg: Furche 1971

Michael Schubert: Der Isenheimer Altar. Geschichte – Deutung – Hintergründe. Stuttgart: Urachhaus 2007

Oskar Seyffert: Das Landesmuseum für Sächsische Volkskunst. Dresden: Landesverein Sächsischer Heimatschutz 1924

Amanda Simpson: Van Eyck. The Complete Works. London: Chaucer Press 2007

Karl Smikalla / Dirk Heißerer: Thomas Mann und die Engel von Dresden. Berg: Genz 2005

Adolf Spamer: Sachsen. Text- und Bildersammlung. 2. neubearbeitete Auflage. Weimar: Böhlaus Nf.. 1954

Folke Stimmel u. a.: Stadtlexikon Dresden A – Z. Dresden: Verlag der Kunst 1994

Nigel Suckling: Das große Buch der Engel. Erftstadt: area 2007

Herbert Vorgrimler u. a.: Engel. Erfahrungen göttlicher Nähe. Sonderausgabe. Freiburg: Herder 2008

Otfried Wagenbreth / Eberhard Wächtler (Hrsg.): Bergbau im Erzgebirge. Technische Denkmale und Geschichte. Leipzig: Deutscher Verlag für Grundstoffindustrie 1990

Otto Walcha: Meißner Porzellan. 5. Auflage. Gütersloh: Prisma 1979

Ingo F. Walther / Norbert Wolf: Die schönsten illu-minierten Handschriften der Welt. 400 bis 1600. Köln: Taschen 2005

Ernst Wasserzieher: Woher? Ableitendes Wörterbuch der deutschen Sprache. 5. Auflage. Berlin: Dümmler 1927

Karl-August Wirth: Engel. In: Reallexikon zur Deutschen Kunstgeschichte 5. Stuttgart: Druckenmüller 1967

Bildnachweis

Lochner, Stephan: Muttergottes in der Rosenlaube, WRM 67. Rheinisches Bildarchiv Köln, S. 27

Rubens, Peter Paul: Die Madonna im Blumenkranz. Der Blumenkranz von Jan Brueghel d. Ä. Alte Pinakothek, München. Blauel/Gnamm – Artothek, S. 21

Dom St. Marien zu Freiberg, Kuppel Begräbniskapelle © Constantin Beyer, Weimar S. 34

Dom St. Marien zu Freiberg, Musizierende Engel, Fotograf Otto Schröder, S. 35

Memling, Hans: Christ with singing and musicmaking angels, Koninklijk Museum voor Schone Kunsten Antwerpen. © Lukas – Art in Flanders VZW, S. 25

Raffaelo Santi, Die Sixtinische Madonna, um 1513, Gemäldegalerie Alte Meister, SKD, S. 30

Weihnachtshaus, Sammlung Alix Paulsen, Husum, S. 12

Sächsische Porzellan-Manufaktur Dresden GmbH, Freital, S. 35

Unbekannter Künstler: Altarnachbildung, Fotograf Jürgen Karpinski, Dresden, S. 37

Alle Abbildungen von Wendt & Kühn-Produkten, Fotos aus den Werkstätten und Auszüge aus den Katalogen aus dem Hause Wendt & Kühn

Quellen der Mottos

Motto: Clemens Brentano. In: Gedichte. Hrsg. von Hartwig Schultz. Stuttgart: Reclam 1995

Vorwort: Ernst Jandl: geistliches lied. In: Poetische Werke. München: Luchterhand Literaturverlag 2001

Kapitel 1: Edmut Kluge: Engel. In: Weihnachtslied fer menn klenn Gung. In: Sächsische Gebirgsheimat 1973. Kalenderblatt 24. – 30.12. Ebersbach: Oberlausitzer Kunstverlag

Kapitel 2: Woldemar Bonsels: Himmelsvolk. In: Wanderschaft zwischen Staub und Sternen. Gesamtwerk. Zweiter Band. München: Langen-Müller 1980

Kapitel 3: Rainer Maria Rilke. Aus: Mir zur Feier. In: Die Gedichte. Frankfurt/Main: Insel 1986

Kapitel 4: Angelus Silesius. Aus: Wer mit den Engeln singen kann. In: Engel. Texte aus der Weltliteratur. Zürich: Manesse 1991

Kapitel 5: Julius Hübner: Madonna Sixtina. In: Verzeichniss der königlichen Gemaelde-Galerie zu Dresden. Dresden: B. G. Teubner 1880

Kapitel 6: Klaus Hein: Das Grünhainichen-Lied. In: Grünhainichener Heimatverein e. V.: 650 Jahre Grünhainichen. Grünhainichen: Gutenmuth 1999

Kapitel 7: John Donne: Bin eine kleine Welt. In: Nachtes denkenes Herz. Übersetzt von Annemarie Schimmel. Köln: Hegner 1969

Kapitel 8: Ruth Schaumann: Die Rückkehr. In: Kristall der Zeit. Hrsg. von Albert Soergel. Leipzig: Grethlein 1929

Kapitel 9: Max Barthel: Engel haben goldene Zungen. In: Kristall der Zeit. Hrsg. von Albert Soergel. Leipzig: Grethlein 1929

Kapitel 10: Manfred Pollmer: Domols. In: Wenn hubn bei uns Weihnachten is. Leipzig: Sachsenbuch 1991

Kapitel 11: Ehrhardt Heinold

Kapitel 12: Wolfram Böhme: Aufzug der Weihnachtsfiguren. In: Steiger, Engel, Räuchermann. Leipzig: Thomas 1999

Kapitel 13: Wolfram Böhme: Der Lichterengel. In: Steiger, Engel, Räuchermann. Leipzig: Thomas 1999

Kapitel 14: Mascha Kaléko: An meinen Schutzengel. In: In meinen Träumen läutet es Sturm. München: dtv 1981

Kapitel 15: Else Lasker-Schüler: Gebet. In: Werke und Briefe. Bd. 1.1: Gedichte. Frankfurt/M.: Jüdischer Verlag 1996

Benutzte Veröffentlichungen des Hauses Wendt & Kühn, Grünhainichen

Ausstattungsmaterial. A4-Blatt. o. J.

Das Büchlein der Lieder. Ausgabe 2. 1999

Eine kleine Geschichte über die Fertigung unserer Blumenkinder. o. J.

elfpunktepost. Nachrichten aus den Werkstätten Wendt & Kühn. Kostenlose Kundenzeitschrift. Ausgabe Herbst 2005, Frühjahr 2006, Herbst/Winter 2006, Frühling/Sommer 2007, Frühling/Sommer 2008, Herbst/Winter 2008

Ergänzungen zum Figurenbuch 2005 aus der Grünhainichener Traditionsmanufaktur. Katalogergänzung 2007

Feine Holzarbeiten Spiel- und Tändelkram aus den Werkstätten Wendt & Kühn Grünhainichen Sachsen. Nachdruck der Erstausgabe von 1937. Juni 2005

Die fröhliche Figur des Däumlings aus den Grünhainichener Werkstätten. A4-Blatt o. J.

85 Jahre Wendt & Kühn. Jubiläumsband der Grünhainichener Manufaktur. 2000

Die Grünhainichener Engel. Faltblatt. Ausgabe November 2006

Katalog feiner figürlicher Holzarbeiten und Spieldosen. 1. Auflage Januar 2000

Katalog feiner figürlicher Holzarbeiten und Spieldosen. 2. Auflage November 2001

Katalogergänzung. Stilvolle Möglichkeiten der Präsentation 2002

Katalognachtrag 2003. Liebenswerte Neuheiten vom Grünen Hain. 4 S. A 4

Katalognachtrag 2004. Überraschende Neuheiten vom Grünen Hain

Die Kinder aus dem Hause Wendt & Kühn. Das Grünhainichener Figurenbuch. Produktkatalog 2005

Die Kinder aus dem Hause Wendt & Kühn. Das Grünhainichener Figurenbuch. Produktkatalog 2008

Klingender Festtagsglanz aus den Grünhainichener Werkstätten. A4-Blatt o. J.

Lichtertragende Engel 28er Engel. Variantenreich und im neuen Gewand. A4-Blatt o. J.

Neuheiten 2008. A4-Blatt

Die Wendt & Kühn Blumenkinder mit Freunden. Ausgabe April 2007

Wendt & Kühn (Firmengeschichte). O. J.

Wendt & Kühn, Unsere Geschichte, 2010

Die Wendt & Kühn Pyramide, Spiel- und Spardosen. Faltblatt. Ausgabe Mai 2005

Die Wendt & Kühn Schneeflockenengel. Faltblatt. Ausgabe November 2004

Zu Besuch in der Figurenwelt. O. J.

Lebensdaten

Albert Wendt . . . . 4. Mai 1851–16. August 1932

Grete Wendt . . . . 24. Februar 1887–1. Juli 1979

Grete Kühn verehel. Lohrisch . . . . 20. September 1888–21. April 1977

Olga Wendt . . . . 27. Mai 1896–13. Juni 1991

Johannes Wendt . . . . 24. Juli 1892–7. Dezember 1945

Hans Wendt . . . . 9. Oktober 1930–10. September 2008

Sigrid Wendt . . . . 9. Oktober 1930–21. Mai 2009

Tobias Wendt . . . . 31. Januar 1965

Claudia Baer (geb. Wendt) . . . . . . 30. Juni 1966

Dr. Florian Wendt . . . . 30. Oktober 1961

Inhalt

Volkskunst und Brauchtum im Erzgebirge

Die ganze Vielfalt und Fülle erzgebirgischen Volkskunstschaffens vor dem Hintergrund lebendiger Bräuche spiegelt dieses dreibändige Werk. Die Bände stehen jeder für sich und können daher auch einzeln gelesen und genutzt werden.

Ehrhardt Heinold, Alix Paulsen,
Erzgebirgisches Weihnachts-ABC

3. Auflage, 152 Seiten
(ISBN 978-3-89876-005-8)

Ehrhardt Heinold, Alix Paulsen,
Erzgebirgisches Spielzeug-ABC

152 Seiten
(ISBN 978-3-89876-038-6)

Ehrhardt Heinold, Alix Paulsen,
Erzgebirgisches Brauchtums-ABC

2. Auflage, 144 Seiten
(ISBN 978-3-89876-061-4)

Alle Bände mit zahlreichen farbigen Abbildungen, Format 22 cm x 22 cm, in gebundener Ausführung

Außerdem erschienen:

Alix Paulsen,
Lasst Engel musizieren
Die zauberhafte Figurenwelt von Wendt & Kühn
96 Seiten, zahlreiche farbige Abbildungen, broschiert
Format 21 x 20 cm
(ISBN 978-3-96717-141-9)

Verlagsgruppe Husum · Nordbahnhofstraße 2, 25813 Husum

Husum Verlag
www.verlagsgruppe.de